AF607502

130 aniversario

Diputación Provincial de Ciudad Real

CATÁLOGO

Autores:
Francisco Adánez Fernández
Rosa Ramos Gálvez
Virginia de la Osa Juárez
José García-Muñoz Fernández-Espartero

Edita: Diputación Provincial de Ciudad Real
Área de Impulso Sociocultural y Turístico de la Provincia

Textos: Los autores
(colaboraciones de José Rivero Serrano y Pilar Molina Chamizo)

Fotografías: Biblioteca de Autores Manchegos (BAM.- Diputación Provincial de Ciudad Real) –para esta edición hemos tomado parte de los trabajos fotográficos preparatorios y de edición del libro El Palacio Provincial y su época, BAM, 2018. Fernando Izquierdo Esteban–; Servicio de Prensa de la Diputación de Ciudad Real; Archivo General de la Diputación de Ciudad Real (AGDCR); Biblioteca Pública del Estado de Ciudad Real; Diputación de Albacete; Diputación de Cuenca; Diputación de Guadalajara; Diputación de Toledo; Biblioteca Nacional de España; Centro de Estudios de Castilla-La Mancha (CECLM, UCLM. www.uclm.es/ceclm) ; y creative commons

Documentos: Archivo General Diputación de Ciudad Real; Biblioteca Nacional de España; Archivo Municipal de Trujillo; Instituto de Historia y Cultura Militar, Archivo Cartográfico de Estudios Geográficos del Centro Geográfico del Ejército, Ministerio de Defensa; Instituto Geográfico y Estadístico, Minutas de trabajos topográficos. Centro Nacional de Información Geográfica (CNIG)

Planimetría y cartografía: Archivo General Diputación de Ciudad Real; Departamento de Arquitectura de la Diputación de Ciudad Real –Rosa Ramos Gálvez y Ramona Mejía Rivero–; Jesús Rodríguez Monroy

Diseño y maquetación: Sobrino Comunicación Gráfica

Producción: Lince Artes Gráficas

ISBN: 978-84-7789-415-5
Depósito legal: CR 671-2024

Primera edición: septiembre 2024
Impreso en España (UE) - Printed in Spain (UE)

BIBLIOTECA DE AUTORES MANCHEGOS
DIPUTACION DE CIUDAD REAL

EXPOSICIÓN

Miguel Ángel Valverde Menchero
Excmo. Presidente de la Diputación Provincial de Ciudad Real

Adrián Fernández Herguido
Vicepresidente de Organización Interna

María Isabel Mansilla Piedras
Diputada del Área de Asistencia a los Municipios

María Jesús Pelayo García
Vicepresidenta del Área de Impulso Sociocultural y Turístico de la Provincia

María del Rocío Zarco Troyano
Portavoz del Gobierno de la Diputación

COMISARIOS
Francisco Adánez Fernández
Rosa Ramos Gálvez
Virginia de la Osa Juárez
José García-Muñoz Fernández-Espartero

GESTIÓN ADMINISTRATIVA
Área de Impulso Sociocultural y Turístico de la Provincia

PROYECTO EXPOSITIVO
Sobrino Comunicación Gráfica

DISEÑO GRÁFICO Y COMUNICACIONAL
Sobrino Comunicación Gráfica

DOCUMENTACIÓN
Archivo General de la Diputación de Ciudad Real

ESTUDIO ARQUITECTÓNICO
Departamento de Arquitectura.- Rosa Ramos Gálvez

TEXTOS
Francisco Adánez Fernández, Rosa Ramos Gálvez, Virginia de la Osa Juárez, José García-Muñoz Fernández-Espartero; y colaboraciones de Pilar Molina Chamizo y José Rivero Serrano

FOTOGRAFÍA
Servicio de Prensa de la Diputación de Ciudad Real, Fernando Izquierdo Esteban

MONTAJE
Servicios Técnicos Diputación Provincial

GRÁFICAS
Gráficas Jider

IMPRESIÓN
Lince Artes Gráficas
Imprenta Provincial de la Diputación de Ciudad Real

OFICIOS
Departamento de Arquitectura:
Carpintería.- Jesús Manuel Córdoba Astilleros
Pintura.- Marcelino Chicarrro Fimia
Herrería.- Rafael García Puerto
Tapicería.- José Tomás Marín Lorente

DELINEACIÓN
Departamento de Arquitectura:
Ramona Mejía Rivero
Jesús Rodríguez Monroy

AUDIOVISUALES
Multicuatro Servicios Audiovisuales

AGRADECIMIENTOS INSTITUCIONALES
Archivo Municipal de Trujillo; Archivo Municipal de Ciudad Real; Archivo Militar de la Defensa; Centro de Estudios de Castilla-La Mancha (CECLM-UCLM); Ayuntamiento de Ciudad Real; Biblioteca Nacional; Biblioteca Pública del Estado de Ciudad Real

AGRADECIMIENTOS
José Domingo Gómez Marcos; Manuel Cerrato Isasi; Yolanda Oliver Méndez y José Luis Sobrino Pérez

"CIUDAD REAL. Diputación. Salón de sesiones". Tarjeta postal. Edición Navarrete. La imagen muestra el Salón de Plenos tal y como lo concibieron Sebastián Rebollar y Ángel Andrade. (AGDCR)

Las diputaciones nacieron en virtud del artículo 325 de la Constitución de 1812 para promover la prosperidad en las provincias españolas, pero acontecimientos históricos como la Guerra de la Independencia y el periodo absolutista de Fernando VII ralentizaron su implantación.

Desde su constitución en 1835, y a partir de 1893 desde el mismo edificio que lo hacemos hoy coincidiendo con el 130 aniversario del Palacio Provincial, la Diputación de Ciudad Real ha ejercido una fuerza motriz en el desarrollo y el bienestar de nuestra provincia.

A partir de 1863 ganó competencias y con la ley de 1870 se afirmó su carácter representativo. Aunque se sucedieron intentos de reformar el poder local, como la ley provincial de 1882, las diputaciones se convirtieron en una extensión del poder estatal en las provincias.

Una de las prioridades de la Diputación de Ciudad Real fue el establecimiento de una infraestructura educativa robusta. Creó el primer instituto de la provincia, con el que abrió las puertas del conocimiento a generaciones de jóvenes sentando las bases para una sociedad más preparada y con más oportunidades de futuro.

También desarrolló competencias en materia de caminos y carreteras, agricultura y ganadería, beneficencia, sanidad, hacienda y educación, áreas de gestión que fueron cambiando, sobre todo en la etapa democrática. Y hasta hace poco ha gestionado una Unidad Residencial Rehabilitadora, conocida popularmente por el psiquiátrico, o el Hospital Provincial y el colegio Santo Tomás de Villanueva. La residencia de estudiantes contigua aún depende de la institución provincial.

Siempre he defendido, su esencial misión en la vertebración del territorio, su inestimable aportación a la igualdad entre los municipios, su versatilidad, su capilaridad y capacidad para llegar a todos los lugares, así como su enorme contribución a la preservación de los servicios públicos municipales.

Con la conmemoración del 130 aniversario del Palacio Provincial hemos querido dar visibilidad a la importante labor que ha desarrollado desde su creación y que continúa haciendo hoy día.

Su existencia se apoya en dos fines principales, garantizar la prestación integral de los servicios mínimos obligatorios municipales y los principios de solidaridad y equilibrio intermunicipales. Es lo que nos ocupa y preocupa desde que tuvimos el inmenso honor de asumir responsabilidades de gobierno en la Diputación de Ciudad Real..

Miguel Ángel Valverde Menchero
Presidente de la Excma. Diputación Provincial de Ciudad Real

Cierre del hueco de la escalera
central del Palacio.

Nuestro propósito en esta exposición ha sido el de acercar el Palacio Provincial a los ciudadanos, por la celebración del 130 aniversario de su creación. En ella damos a conocer una serie de documentos del Archivo Provincial y también una pequeña parte de los planos y estudios del Departamento de Arquitectura. Ambos servicios provinciales han trabajado conjuntamente para que haya sido posible llevar a cabo este evento cultural.

La muestra transmite el valor de los archivos, que no son meros repositorios documentales, sino parte fundamental para el conocimiento y la difusión de la historia de nuestra provincia. Se propone, con este recorrido, descubrir y valorar el Palacio Provincial, no solo como sede de la Diputación, sino como símbolo de arquitectura civil y representación institucional, que se integró en el paisaje urbano y se convirtió en un hito para la ciudad. Además, a través del análisis arquitectónico del edificio y su entorno, se sintetiza la evolución urbanística de la zona donde fue construido.

Al hojear este catálogo, verán algunos de los ejemplos más significativos de la arquitectura y el programa decorativo del Palacio. Alcanzarán a entender el papel de las diputaciones en la promoción del arte, la cultura, y el desarrollo de la provincia que nuestra Institución promueve.

Apostar por nuestros pueblos es hacerlo por un futuro más equitativo y sostenible.

Adrián Fernández Herguido
Vicepresidente de Organización Interna

Salón de Recepciones
del Palacio.

El Palacio de la Diputación-130 Aniversario es un proyecto expositivo que realiza un recorrido en el tiempo, buscando dar a conocer los orígenes tanto de la Institución como del edificio que la alberga: el Palacio Provincial.

El programa de la muestra aborda los siguientes contenidos:

–Antecedentes y origen de estas instituciones provinciales.

–Adquisición y compra del solar donde se levantaría el Palacio Provincial.

–La figura del arquitecto del Palacio, Sebastián Rebollar, que diseñó algunos de los edificios más relevantes de nuestra provincia.

–El proyecto de construcción, a través de los planos originales.

–El programa decorativo del edificio, realizado por Ángel Andrade y Samuel Luna.

–Los usos que se le dieron y servicios que se instalaron a lo largo de la historia en el Palacio, y que explican las razones por las que fue construido.

–La relación entre el Palacio y la ciudad vista a través de planos históricos.

–La historia y desarrollo de los edificios que conviven con el Palacio de la Diputación.

–Los elementos compositivos de la arquitectura del edificio y del conjunto de edificios dotacionales que conforman la manzana en la que se ubica.

–Descripción comparada de los palacios provinciales regionales.

Y, por último, la historia de la Institución Provincial, junto a la evolución del propio Palacio, mediante una línea de tiempo en la que se visualizan los alzados de fachada completos, junto a los de los importantes edificios que contiene la manzana donde se ubica.

La muestra, en resumen, nos brinda la oportunidad de conocer un edificio que se realizó para albergar, entonces, una nueva institución, la Diputación de Ciudad Real, y que ha sido y será testigo protagonista de nuestra historia.

Francisco Adánez Fernández; Rosa Ramos Gálvez;
Virginia de la Osa Juárez; José García-Muñoz Fernández-Espartero

Recreación de una mesa de la Oficina de Recaudación y Contribuciones, en la exposición "Palacio Provincial. 130 aniversario. Diputación Provincial de Ciudad Real", 28 de junio a 31 de octubre de 2024. (AGDCR)

El Archivo General de la Diputación preserva la historia viva de la provincia y de sus ciudadanos a través de la conservación y difusión del patrimonio documental de la Institución provincial.

Los documentos y el Archivo evolucionaron paralelamente a la Diputación, ocupando ya un lugar preferente en la distribución inicial proyectada por Sebastián Rebollar en su proyecto constructivo. La necesidad de aumentar su espacio motivó que, en 1985, fuera trasladado a su actual sede, en el antiguo Hospital del Carmen, donde se conservan más de 1.500 metros lineales de documentación.

Aunque se preserva la documentación generada por la labor desarrollada por la Institución desde sus inicios, el tratamiento archivístico solo se constata desde el primer inventario de Archivo, elaborado en 1929 por el archivero Francisco Tolsada, que recogía hasta 2.772 legajos.

Los fondos documentales proceden de los distintos servicios que la Diputación ha prestado a lo largo de su historia, así como de la documentación generada por patronatos e instituciones dependientes de la misma. Entre los fondos más relevantes podemos destacar los Libros de Actas, el *Boletín Oficial de la Provincia*, la Comisión Provincial, los proyectos arquitectónicos, la creación y el mantenimiento de los caminos vecinales, los expedientes de beneficencia y el fondo hemerográfico y fotográfico del diario *Lanza*, entre otros.

Un legado documental y patrimonial que se atesora en el Archivo y permite recorrer la administración, gestión y desarrollo de la provincia y de su historia desde 1835.

Archivo General de la Diputación de Ciudad Real

Panorámica de Ciudad Real que tomó Jean Laurent hacia 1867 desde las Eras del Cerrillo.

Tras la tierra de labor, aparece la línea de ferrocarril construida por la MZA y, tras ella, la muralla, ya muy maltrecha, de la ciudad. La puerta de Alarcos por la izquierda y la tercera estación, en construcción, por la derecha, encuadran la vista. (CECLM)

Palacio de la Chancillería (casa-palacio del marqués de Treviño)

Puerta de Alarcos

Edificio de viajeros 1.ª Estación (Ferroviaria)

Convento de Padres Carmelitas

Locomotora de la línea Ciudad Real-Badajoz

Catedral

Iglesia del Carmen

Iglesia de la Merced

Cuartel de la Misericordia

Convento de Dominicas

Iglesia de Santiago

Datos ferroviarios: *Historia del ferrocarril en Ciudad Real*, Agustín Jiménez Cano, BAM, 2020

Antecedentes de la Diputación

La llegada del liberalismo supuso cambios en la organización política del territorio español. El nuevo orden, basado en las provincias, necesitaba órganos de gobierno en los que apoyarse, como serían las diputaciones provinciales. La Constitución de 1812 vino a regular el papel de estas instituciones provinciales para tener un mayor control y mejor gestión del territorio, pero no será hasta 1833, con el Decreto de Javier de Burgos, cuando nazca realmente la provincia de Ciudad Real formada por los antiguos territorios de la provincia de La Mancha.

La administración provincial se estructuró oficialmente durante el reinado de Isabel II, en Regencia de su madre María Cristina. El Real Decreto de 21 de septiembre de 1835 establecía la división territorial en provincias, formando Ciudad Real parte de "Castilla la Nueva" junto a Madrid, Toledo, Cuenca y Guadalajara.

En 1835, año de creación de la Diputación Provincial de Ciudad Real, el Gobierno liberal de Cea Bermúdez alcanzó uno de sus principios básicos en nuestra provincia, el centralismo, bajo la atenta mirada de Andrés Rubiano –jefe político de la provincia–.

(531)

Martes 27 de Octubre de 1835. *Número 128.*

BOLETIN EXTRAORDINARIO

SUPLEMENTO

al boletin oficial de Ciudad-Real número 127, del 25 de octubre de 1835.

ARTICULO DE OFICIO.

GOBIERNO CIVIL.

En el dia cinco de noviembre pròximo se instalarà en esta capital la Diputacion provincial. Y lo aviso al público para su conocimiento. Ciudad-Real 25 de octubre de 1835.= Andres Rubiano.

Ciudad-Real, Imprenta del Editor.

Boletín Oficial de Ciudad Real, suplemento y número extraordinario, publicados el 25 y 27 de octubre de 1835 respectivamente, para dar a conocer la implantación de la Diputación de Ciudad Real. (AGDCR)

En la página siguiente. Mapa de Castilla la Nueva con las nuevas divisiones provinciales, 1837. A. H. Dufour.

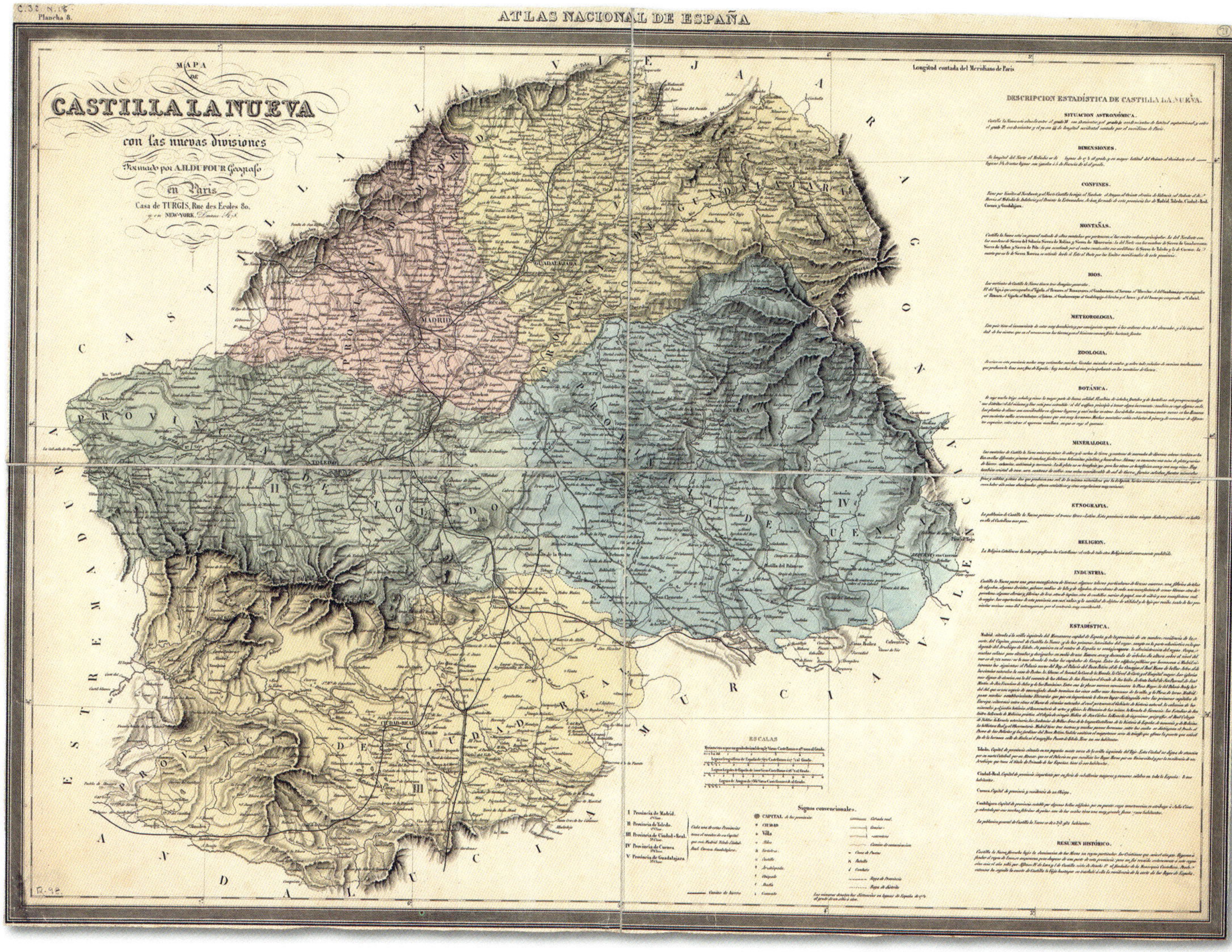

ATLAS NACIONAL DE ESPAÑA
Plancha 8.
MAPA DE
CASTILLA LA NUEVA
con las nuevas divisiones
Formado por A. H. DUFOUR Geografo
en Paris
Casa de TURGIS, Rue des Ecoles 80,
y en NEW-YORK
Longitud contada del Meridiano de Paris
DESCRIPCION ESTADÍSTICA DE CASTILLA LA NUEVA.
SITUACION ASTRONÓMICA.
DIMENSIONES.
CONFINES.
MONTAÑAS.
RIOS.
METEOROLOGIA.
ZOOLOGIA.
BOTÁNICA.
MINERALOGIA.
ETNOGRAFIA.
RELIGION.
INDUSTRIA.
ESTADÍSTICA.
RESUMEN HISTÓRICO.
ESCALAS
Signos convencionales.
I Provincia de Madrid.
II Provincia de Toledo.
III Provincia de Ciudad-Real.
IV Provincia de Cuenca.
V Provincia de Guadalajara.
MADRID
TOLEDO
GUADALAJARA
CIUDAD-REAL
CUENCA
CASTILLA LA VIEJA
ARAGON
VALENCIA
MURCIA
ANDALUCIA
ESTREMADURA
PROVINCIA DE TOLEDO
PROVINCIA DE CUENCA
PROVINCIA DE CIUDAD REAL
PROVINCIA DE GUADALAJARA
PROVINCIA DE MADRID

Provincia de Ciudad Real / parte del antiguo reyno de Castilla la N.va, 1847. Grabado por R. Alabern y E. Mabon. (CECLM)

El solar de la Vicaría

Edificio de la Academia General de Enseñanza, donde se ubicó la Diputación Provincial antes de la construcción del Palacio. (CECLM)

Croquis del solar propiedad de la Vicaría Eclesiástica, levantado por el arquitecto Sebastián Rebollar para el desarrollo del proyecto del Palacio, 1889.

La Diputación de Ciudad Real se constituye por primera vez el día 5 de noviembre de 1835, por Real Decreto de 21 de septiembre.

En sus inicios no tendrá sede propia, por lo que se establecerá en varios edificios de la capital, uno de ellos el de la Academia General de Enseñanza en la calle Caballeros.

En 1887 la Diputación Provincial se plantea la adquisición de un solar que reúna las condiciones adecuadas para tener una sede propia. Así, el 26 de enero de 1887, la Comisión Provincial acuerda que se dirija una comunicación del Pleno al señor obispo de la diócesis de Ciudad Real, manifestándole los deseos de la Corporación para enajenar el local que ocupa la Vicaría Eclesiástica para que se destine a Palacio Provincial.

En el mes de septiembre se publica en el *BOP –Boletín Oficial de la Provincia–* el anuncio para adquirir dicho solar y se invita a los dueños de las casas o solares de Ciudad Real que quieran enseñarlos, a que presenten las proposiciones que estimen pertinentes para tal fin. En el acta de la Comisión Provincial del 20 de noviembre de 1887 se informa de las tres ofertas presentadas:

1.ª Dámaso Barrenengoa propone una casa construida, que se descarta por considerar que el precio es muy alto.

2.ª Federico García, un edificio situado en lugar poco céntrico.

3.ª Y el vicario general de la diócesis, el solar de la Vicaría. Esta fue la oferta que se consideró más ventajosa para construir el Palacio.

Después de entablar las oportunas conversaciones se llegó al acuerdo de compra del citado solar por la cantidad de 40.000 pesetas.

Finalmente el 29 de octubre de 1888, ante el notario Isidoro Espadas, se firma la escritura de compraventa, donde se expone que la Diputación Provincial adquiere un solar en esta ciudad, en el barrio del Prado, calle de Toledo, señalado con el número 27 y que mide una extensión de 1.955 metros cuadrados, para destinarlo a la construcción de un Palacio.

En la página siguiente. Superposición de la propiedad de la Vicaría Eclesiástica con la planta trazada por Sebastián Rebollar para la construcción del Palacio Provincial.

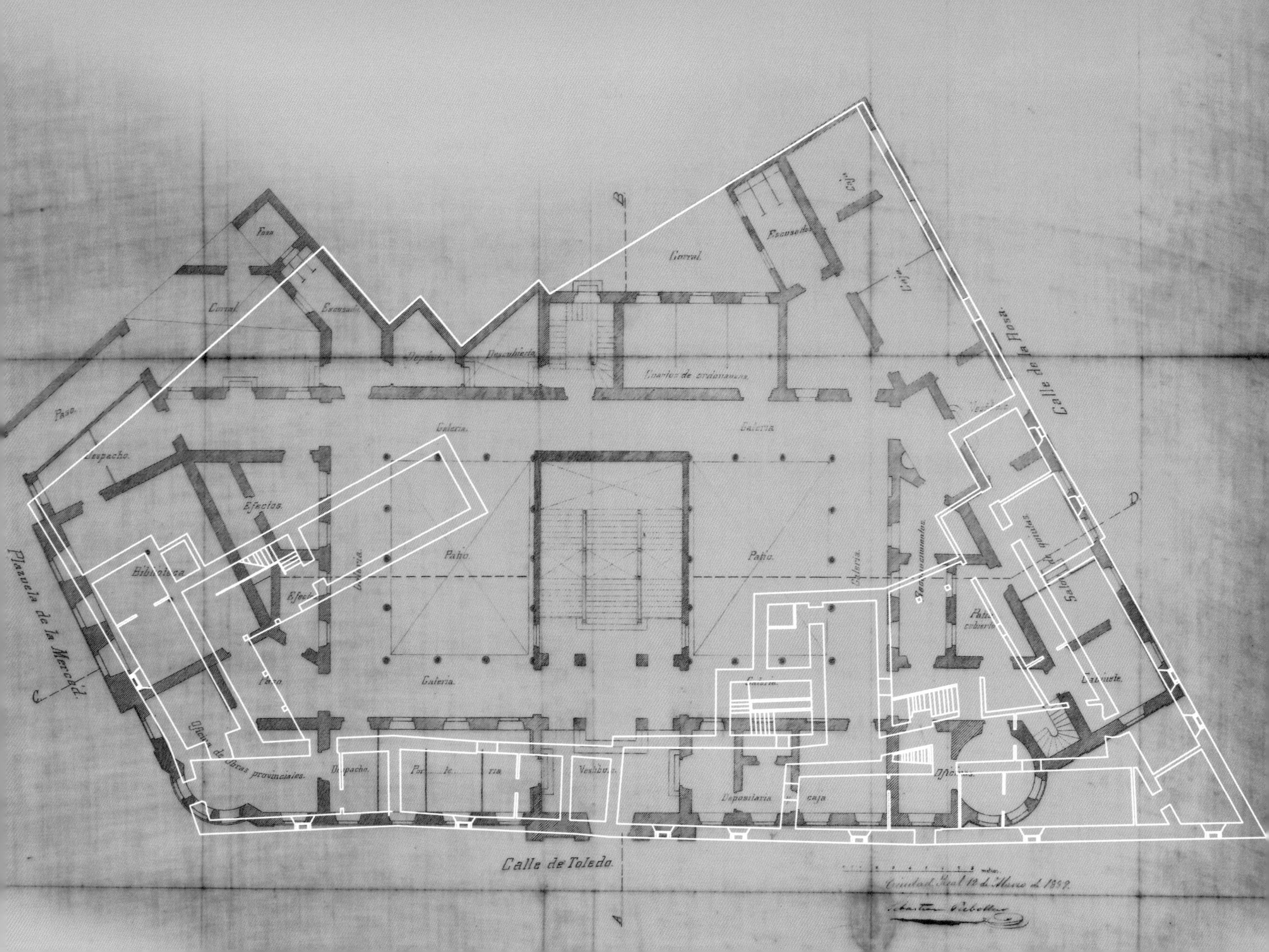

Fosa
Corral
Escusado
Depósito
Descubierto
Corral
Escusado
Caja
Cuartos de ordenanzas
Paso
Despacho
Galería
Galería
Efectos
Patio
Patio
Galería
Galería
Biblioteca
Efectos
Paso
Galería
Galería
Patio cubierto
Gabinete
Oficina de Obras provinciales
Despacho
Portería
Vestíbulo
Depositaria
Caja
Oficinas
Plazuela de la Merced
Calle de la Rosa
Calle de Toledo
metros

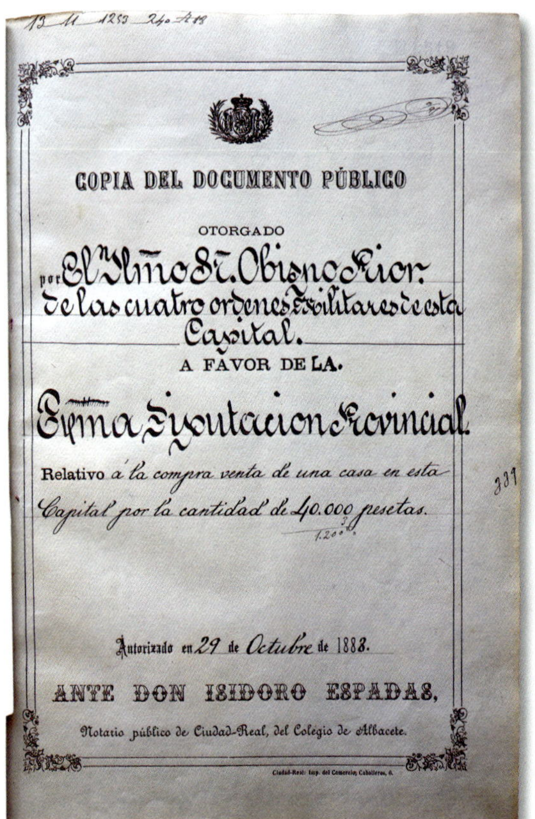

COPIA DEL DOCUMENTO PÚBLICO

OTORGADO

por El Ilmo. Sr. Obispo Prior de las cuatro ordenes Militares de esta Capital.

A FAVOR DE LA

Excma. Diputacion Provincial

Relativo á la compra venta de una casa en esta Capital por la cantidad de 40.000 pesetas.

Autorizado en 29 de Octubre de 1888.

ANTE DON ISIDORO ESPADAS,

Notario público de Ciudad-Real, del Colegio de Albacete.

Ciudad-Real: Imp. del Comercio; Caballeros, 6.

"Copia del documento público otorgado por el Ilmo. Sr. Obispo Prior de las cuatro ordenes militares de esta Capital a favor de la Excma. Diputación Provincial.
Relativo a la compra venta de una casa en esta Capital por la cantidad de 40.000 pesetas.
Autorizado en 29 de Octubre de 1888.
Ante Don Isidoro Espadas.
Notario público de Ciudad Real, del Colegio de Albacete". (AGDCR)

NÚMERO 21. VIERNES 16 DE AGOSTO. AÑO 1889-90.

Boletin Oficial

EXTRAORDINARIO

DE LA

PROVINCIA DE CIUDAD-REAL

COMISION PROVINCIAL.

CIRCULAR.

Cumpliendo lo acordado por esta Corporación en sesión del día 31 de Julio próximo pasado, se expresa á continuación lo más importante ó pertinente del acuerdo, generador de la presente circular, que dice así:

«Acto seguido, la Comisión provincial acuerda se coloque la primera piedra del Palacio provincial el día 18 del corriente mes, á las seis de la tarde, para lo cual se encarga al Sr. Arquitecto provincial ordene se labre la piedra que ha de servir para el caso, y que se construya una caja de zinc, la cual ha de embutirse dentro de dicha piedra, conteniendo los documentos oficiales y monedas, de esta época, que, en su día, disponga esta Corporación.

Del ritual ó ceremonial se encargará, como es de costumbre, el referido Arquitecto provincial, redactando el acta que se levante en el acto de la colocación de la primera piedra.

A tan solemne acontecimiento serán invitadas las autoridades y funcionarios que á continuación se expresan: Ilmo. señor Obispo-Prior de las Ordenes Militares, Ilmo. Sr. Director general de Administración Local, Ilmo. Sr. Director general de Obras públicas, Sres. Senadores de esta provincia, Sres. Diputados á Cortes, Sres. Diputados provinciales, Sres. Gobernador civil, Gobernador militar, Presidente de la Audiencia de lo Criminal de esta capital, Fiscal de dicha Audiencia, Juez de instrucción, Juez municipal, Fiscal municipal, Decano del Colegio de Sres. Abogados de esta capital, Delegado de Hacienda, Abogado del Estado, Registrador de la Propiedad, Director de la Sucursal del Banco de España, Ingeniero Jefe de Obras públicas, Ingeniero Jefe de Minas, Ingeniero Jefe de Montes, Alcaldes de los Ayuntamientos de esta capital, ciudades y pueblos de la provincia, Director del Instituto, Director de la Escuela Normal de Maestros, Directores de los periódicos locales y á cualesquiera otras autoridades, funcionarios ó personas de gran representación que en su día acordase invitar la Comisión provincial y que por un olvido involuntario no se hubieran tenido presentes.

El Sr. Secretario de la Excma. Diputación tomará nota de la celebración de este acontecimiento y hará sacar copia del acta que al efecto se levante y encierre en la urna, con el fin de dar cuenta en la primera sesión que celebre la Corporación, debiendo expresarse al extender el acta correspondiente, los pormenores más importantes de la solemnidad de que se trata, é insertando copia literal del acta levantada en los momentos de empezarse la construcción del citado edificio.

Con objeto de solemnizar, todo lo posible, tan fausto acontecimiento, la Comisión provincial, dirigiendo una mirada á los asilos de esta Beneficencia provincial, en donde gime el pobre enfermo y se albergan el desventurado huérfano y el desvalido anciano, acuerda, en conmemoración de tan fausto día, se les dé una comida extraordinaria de carne, aves, vinos y postres.

Terminado el acto de la colocación de la primera piedra, al cual concurrirá la Banda de música del Hospicio provincial, se dirigirá un atento telegrama al Excmo. Sr. Ministro de la Gobernación dándole cuenta de haberse inaugurado las obras del Palacio provincial.»

Cumpliendo asimismo lo acordado por la Corporación en un particular de la sesión de 31 de Julio próximo pasado, á continuación se expresan los nombres de los Sres. Diputados que pertenecen á esta Excma. Corporación y los cargos de que están revestidos dentro de la misma, así como los nombres y cargos de los jefes de las dependencias de Secretaría, Contaduría y Depositaría.

Presidente de la Diputación,

D. Mariano Pinilla y Morales.

Vicepresidente,

D. Pedro Arias y Moreno.

Diputados Secretarios,

D. Andrés Maroto y Romero.
Pablo Plaza y Ruiz.

COMISIÓN PROVINCIAL

Vicepresidente,

D. José Cendrero y Díaz.

Vocales,

D. Joaquín Pérez Cabellos y Heredia.
Juan Fernández Yáñez y Migallón.
Francisco Rivas Moreno.
Francisco del Aguila y Díaz.

Diputados provinciales,

D. Antonio Beneytez y Morán.
Carlos Hervás y Fontes.
Fernándo Márquez de Prado y Cárdenas.
Félix García de Ibarrola.
Francisco Echalecu y Arias.
José María Marín y Ruiz.
José María Ruiz Márquez.
León de León y García.
Manuel Gargantiel y Arenas.
Marceliano Martín y Martín Corral.
Sebastián Bermejo y Fraile.

Jefes de las dependencias,

Secretario, D. José de la Vega y Peinador.

Contador, D. Alberto Lozano y Enriquez de Salamanca.

Depositario, D. Ildefonso Espadas y García.

Lo expuesto se hace público en este periódico oficial en cumplimiento á lo acordado por la Corporación, así como para conocimiento de las autoridades, funcionarios y personas á quienes interesa, y para perpétua memoria del acto que ha de celebrarse en el día referido y señalado por esta Corporación provincial.

Ciudad-Real 8 de Agosto de 1889.—El Vicepresidente interino, *Joaquín Pérez Cabellos.*—El Secretario interino, *Alberto Lozano.*

Imprenta del Hospicio provincial.

Acuerdo de la Comisión Provincial para la colocación de la primera piedra del Palacio. (AGDCR)

El arquitecto del Palacio

Sebastián Rebollar y Muñoz nació en Fontihoyuelo (Valladolid) en 1851 y, tras veintiún años trabajando como arquitecto de la Diputación Provincial, murió en Ciudad Real en 1907.

Estudió en la Escuela de Arquitectura de Madrid, obteniendo el título en 1879. El 27 de noviembre de 1885 fue nombrado arquitecto provincial, tomando posesión el 9 de enero de 1886, con un sueldo anual de 3.500 pesetas. El encargo del Palacio lo asumió en 1889.

A lo largo de su trayectoria profesional diseñó numerosos proyectos de singular interés, como el Casino de Ciudad Real o la Academia General de Enseñanza, en el entorno de los jardines del Prado; el Palacete de Barrenengoa, el Banco de España y el Círculo de la Unión en la plaza del Pilar... En la ciudad de Trujillo (Cáceres) realizó el proyecto del edificio del Ayuntamiento en 1892.

Intervino en distintos proyectos de restauración, como el del chapitel de la iglesia parroquial de Valdepeñas, la ampliación del convento de las Concepcionistas o la restauración de la Catedral de Ciudad Real.

Algunos de estos edificios ya han desaparecido, solamente perduran en la actualidad el Casino de Ciudad Real, el edificio del Banco de España y el Palacio de la Diputación Provincial.

Arriba. Dibujos de "entretenimiento" en los planos originales de los proyectos de Rebollar. (AGDCR)

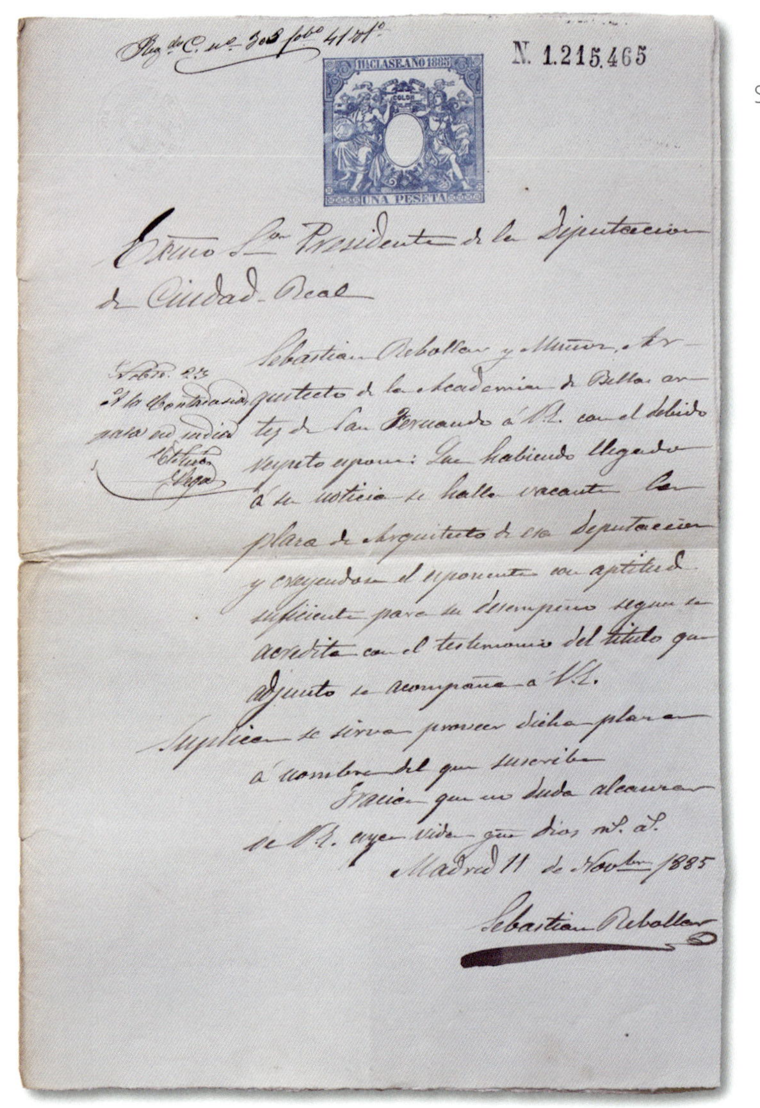

Solicitud de la plaza de arquitecto:

"Excmo. Sr Presidente de la Diputación de Ciudad Real.

Sebastian Rebollar y Muñoz Arquitecto de la Academia de Bellas artes de San Fernando a V.I. con el debido respeto expone: Que habiendo llegado á su noticia se halla vacante la plaza de Arquitecto de esa Diputación y creyendose el exponente con aptitud suficiente para el desempeño según se acredita con el testimonio del titulo que adjunto se acompaña a V.I.

Suplica se sirva proveer dicha plaza a nombre del que suscribe.

Gracia que no duda alcanzar de V.I. cuya vida guarde Dios muchos años.

Madrid 11 de Noviembre de 1885

Sebastian Rebollar".

(AGDCR)

En la página siguiente. Alzados del edificio del Casino de Ciudad Real. Sebastián Rebollar, 1886. (AGDCR)

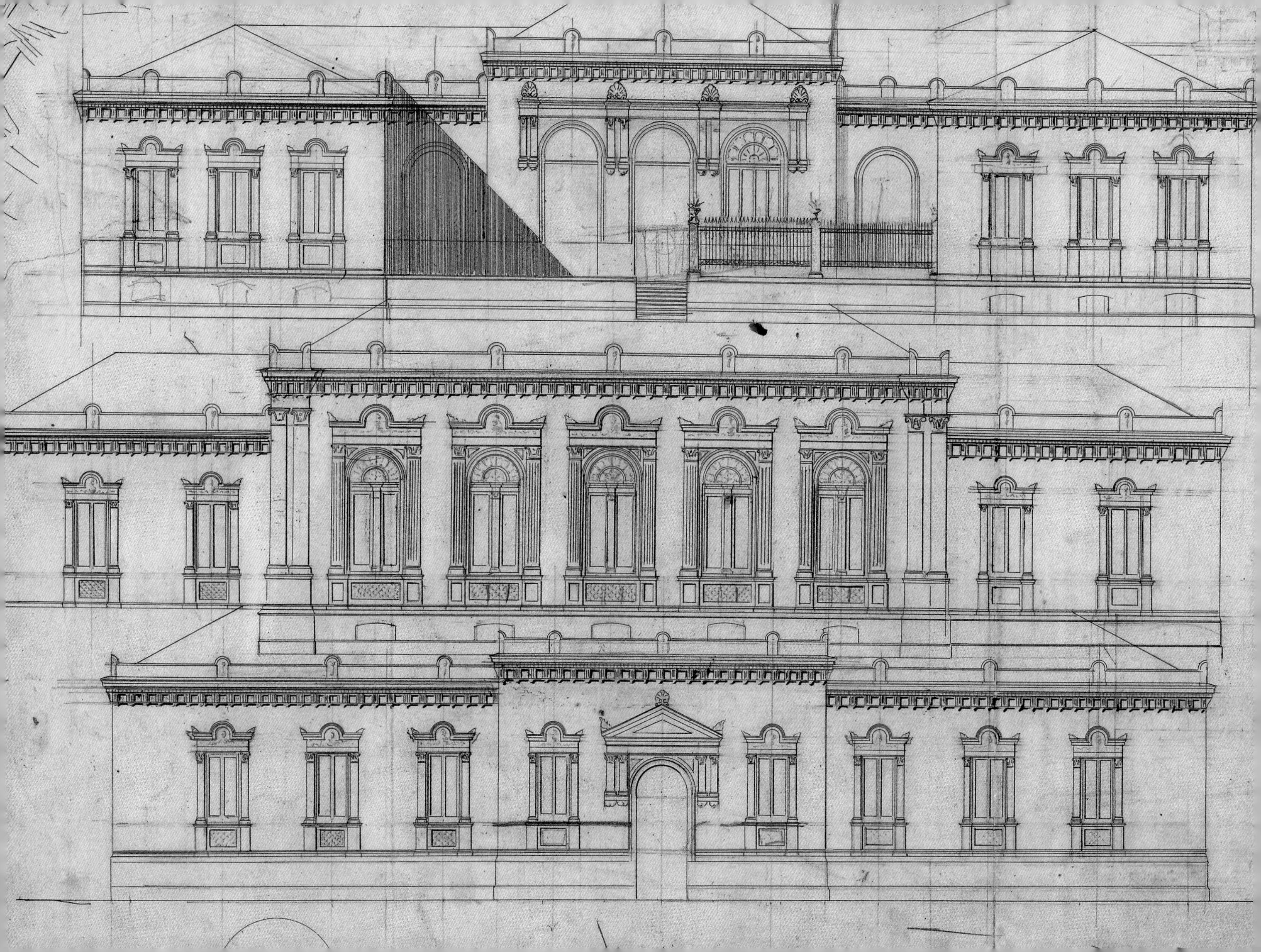

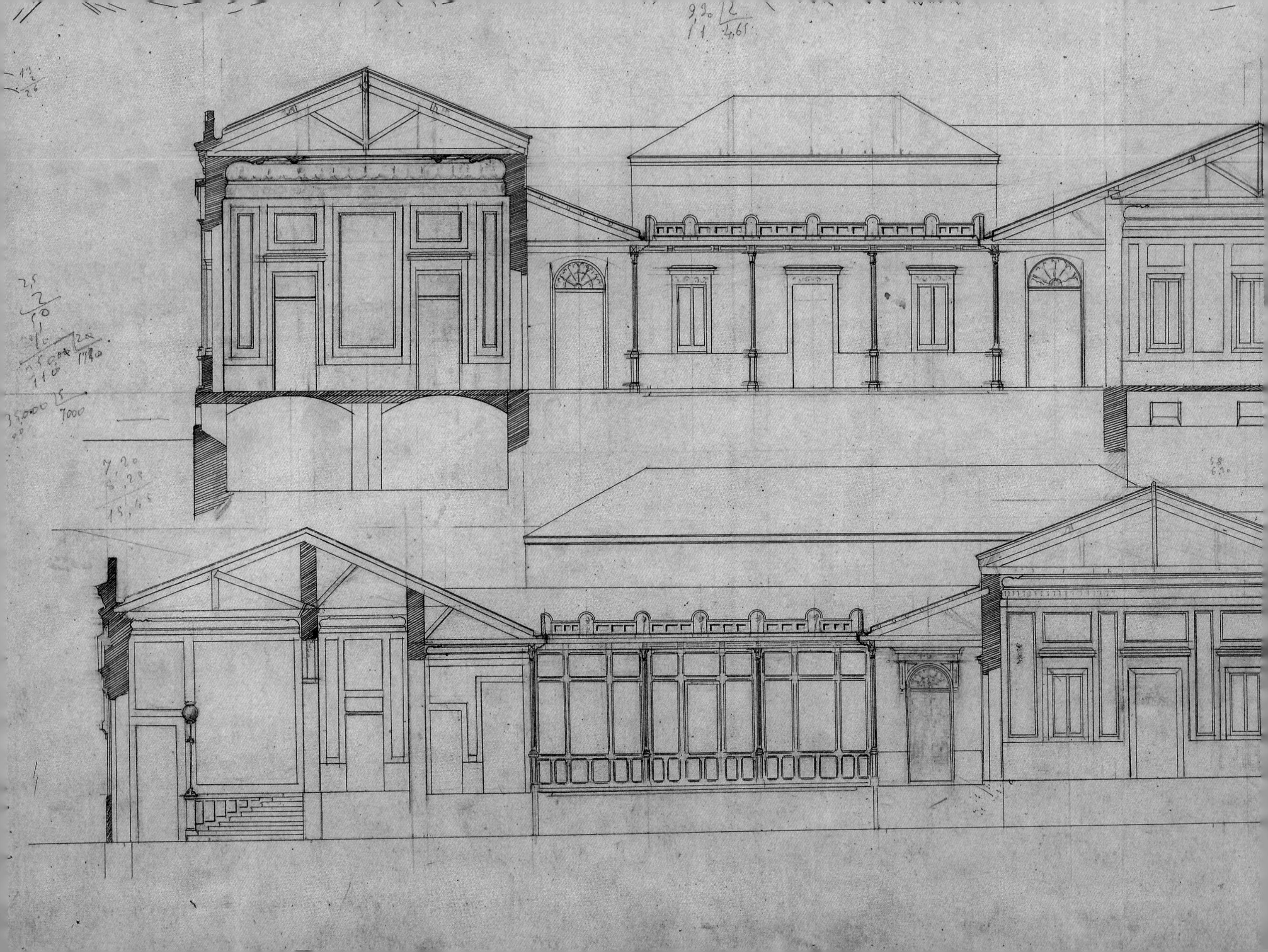

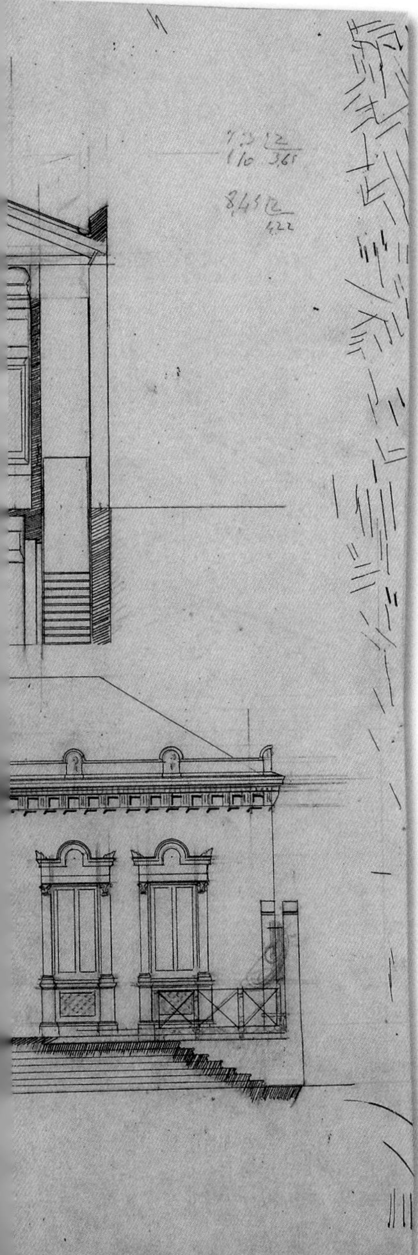

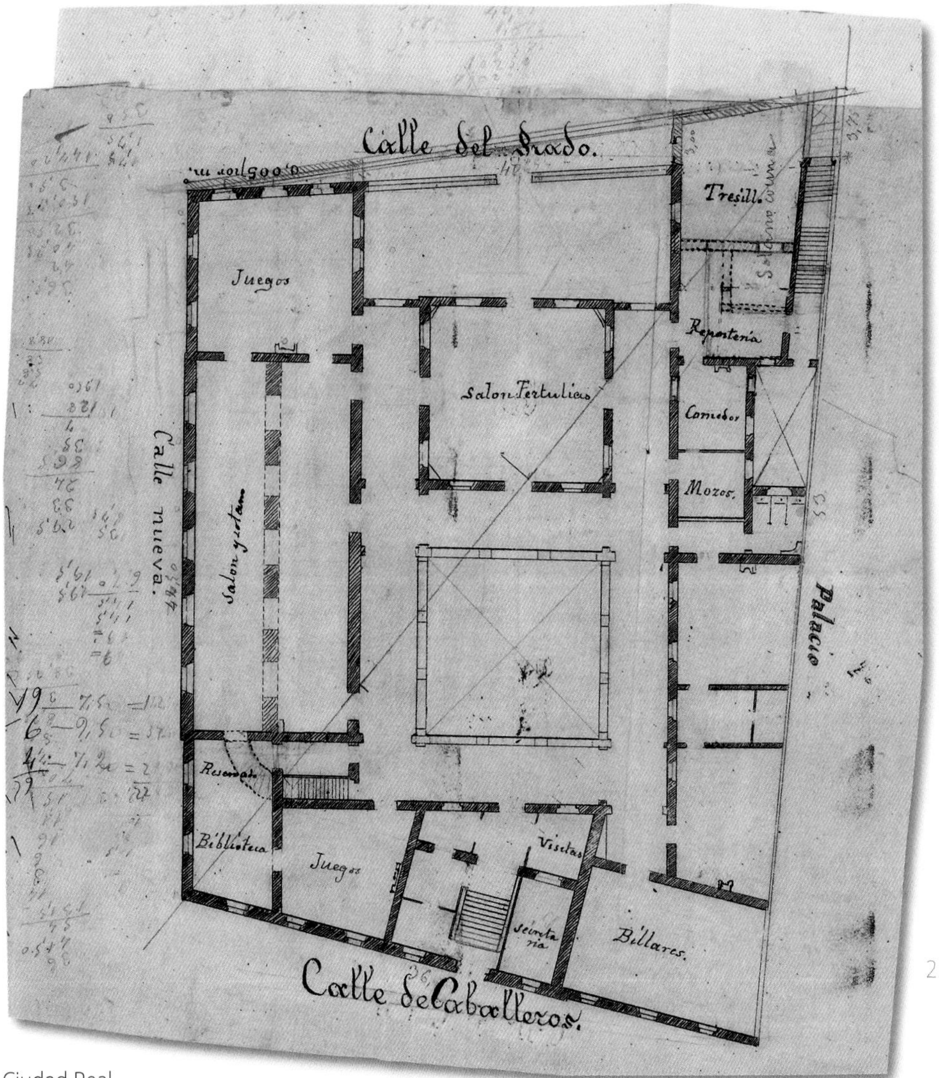

Secciones del Casino de Ciudad Real y, a la derecha, planta de distribución. Sebastián Rebollar, 1886. (AGDCR)

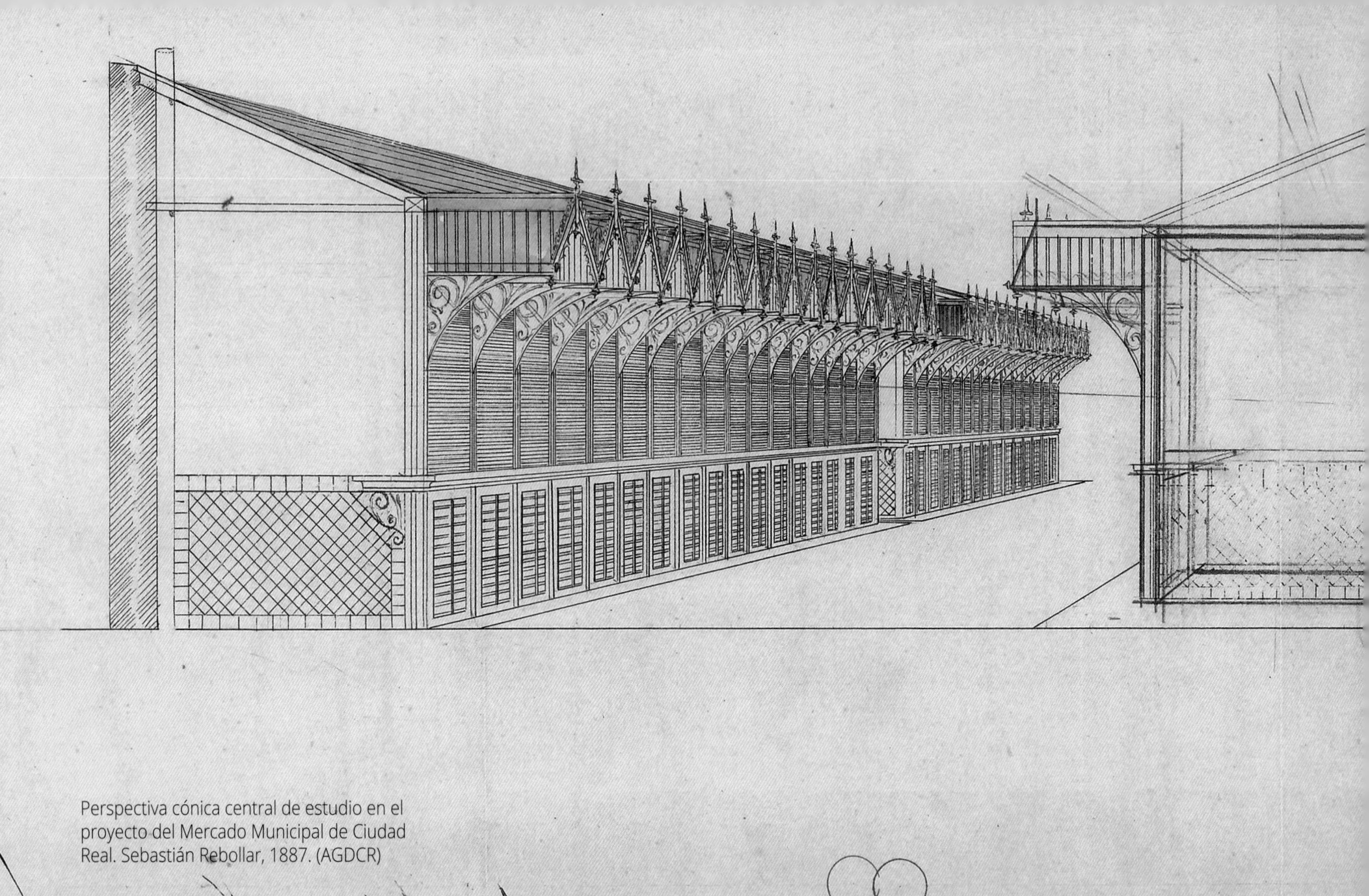

Perspectiva cónica central de estudio en el proyecto del Mercado Municipal de Ciudad Real. Sebastián Rebollar, 1887. (AGDCR)

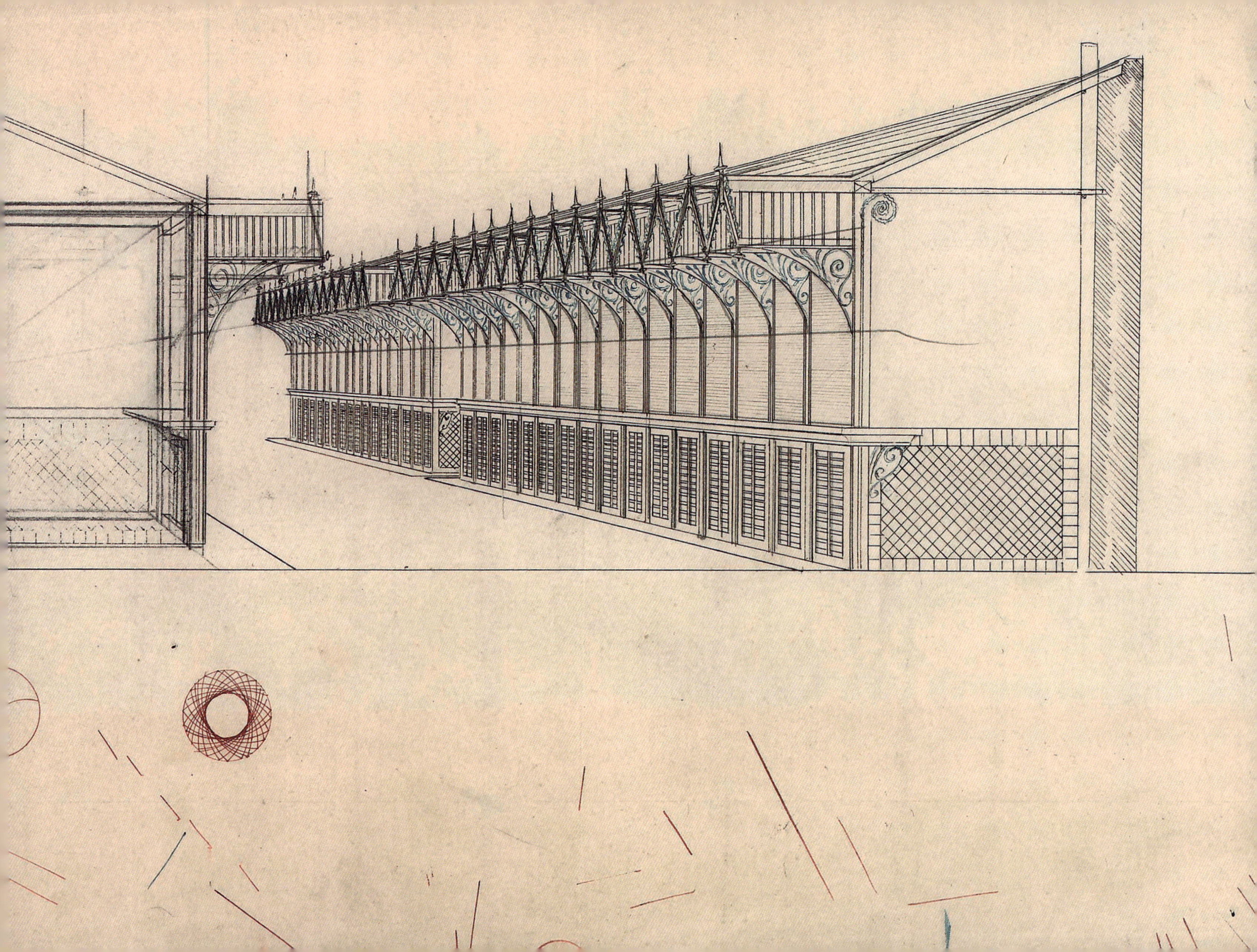

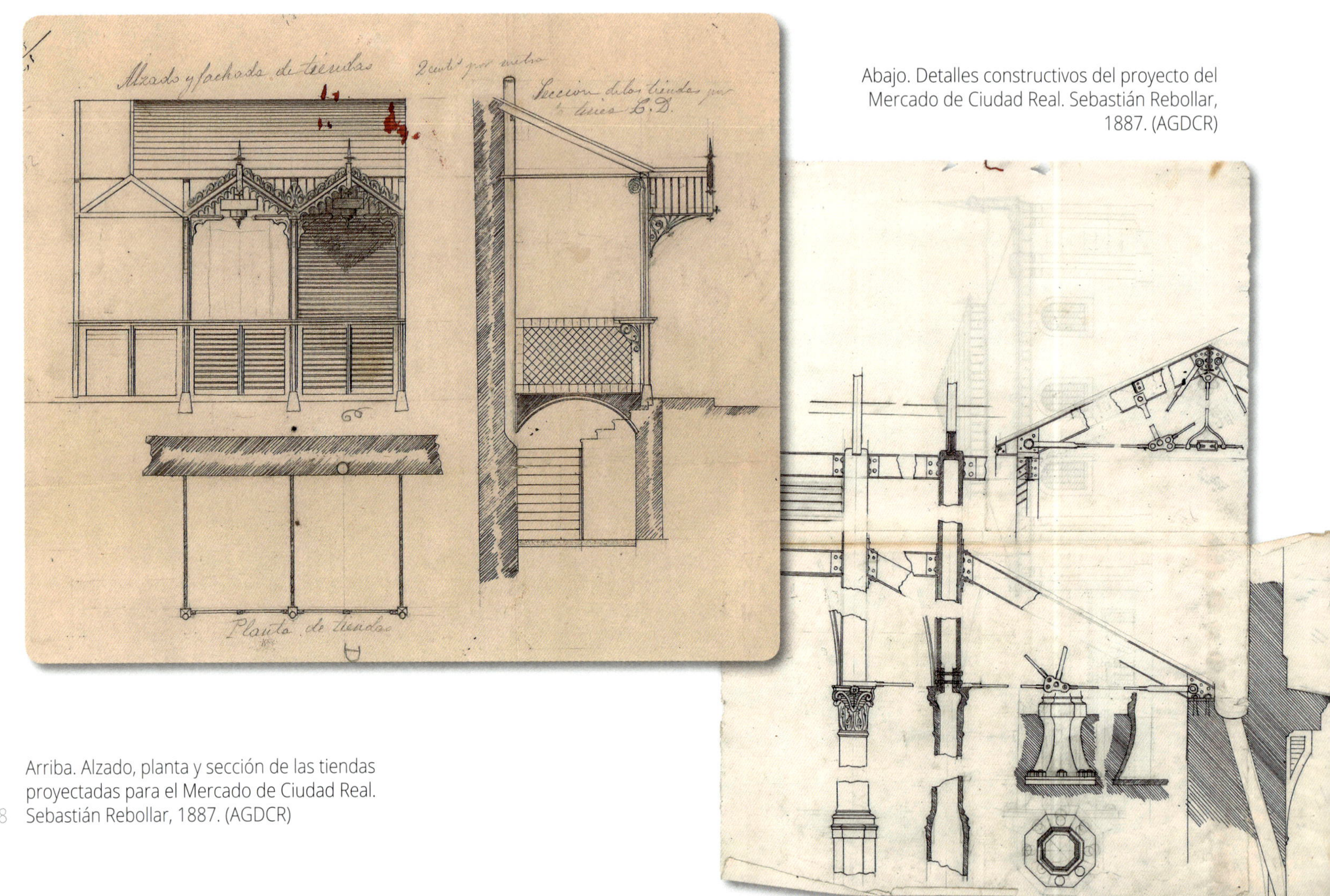

Abajo. Detalles constructivos del proyecto del Mercado de Ciudad Real. Sebastián Rebollar, 1887. (AGDCR)

Arriba. Alzado, planta y sección de las tiendas proyectadas para el Mercado de Ciudad Real. Sebastián Rebollar, 1887. (AGDCR)

El Palacio Provincial: argumento y coda

El Palacio Provincial, proyectado en 1889 por Sebastián Rebollar y Muñoz y concluido en 1893, supone de hecho la pieza de arquitectura civil más significativa del último tercio del siglo XIX del territorio provincial.

Significación y relevancia de dicha obra, no solo en la trayectoria profesional de Rebollar, sino en la capacidad que manifiesta de reflejar los debates culturales del momento. Debates obsesionados a partes iguales, entre la búsqueda insaciable de nuevos horizontes expresivos de la mano de la revisión de todos los ismos históricos y, por otra, por el intento de definición de un estilo propio capaz de identificar el siglo del progreso industrial.

La actitud proyectual de Rebollar en el Palacio Provincial es continuadora de su trabajo de 1884 para la Casas Consistoriales de Trujillo, al tiempo que retoma la experiencia que, años antes, ensayó Vicente Hernández Zanón en el Palacio Episcopal y en el Seminario Diocesano. Experiencia vinculada a los nuevos materiales industriales, a la repetición serial de elementos compositivos y a la dimensión urbana de las nuevas tipologías edilicias. Tanto el Palacio Provincial como la línea argumental del resto de la obra de Rebollar, se mueven entre las citas gramaticales heredadas del neoclasicismo y la búsqueda de componentes innovadoras; participando dicha actitud de lo que Javier Hernando ha definido como retórica ecléctica.

Los recursos puestos en juego en la resolución compositiva y estilística del Palacio Provincial aluden, tanto al mundo del pasado visto a través del prisma de los órdenes clásicos, como al naciente mundo moderno que exige otras figuraciones heredadas de una cultura visual diferente. Así es posible atisbar dicha dualidad de intereses, entre la elección de la tipología distributiva y la falta de afectación en el uso de retórica formales del pasado. Rebollar, que llegó a definirse a sí mismo como un “hombre que marcha con el siglo”, fue capaz en esta obra de ejemplificar el tránsito tanto de valores y formas como de mostrar parte de la evolución advertida en la Arquitectura, que salida del universo clasicista se adentra en un nuevo territorio poblado a partes iguales de ansías de libertad formal y de obsesión por crear el referido estilo propio. De esta forma, asistimos al nacimiento de la sensibilidad moderna y a la precipitación de los valores formales que habían iluminado la experiencia edificatoria de los últimos trescientos años.

José Rivero Serrano

Marzo 1993 (revisado, mayo 2024)

Alzado interior. Mercado de Ciudad Real.
Sebastián Rebollar, 1887. (AGDCR)

Alzado de fachada de una de las puertas laterales de acceso.
Mercado de Ciudad Real (estudio). Sebastián Rebollar, 1887. (AGDCR)

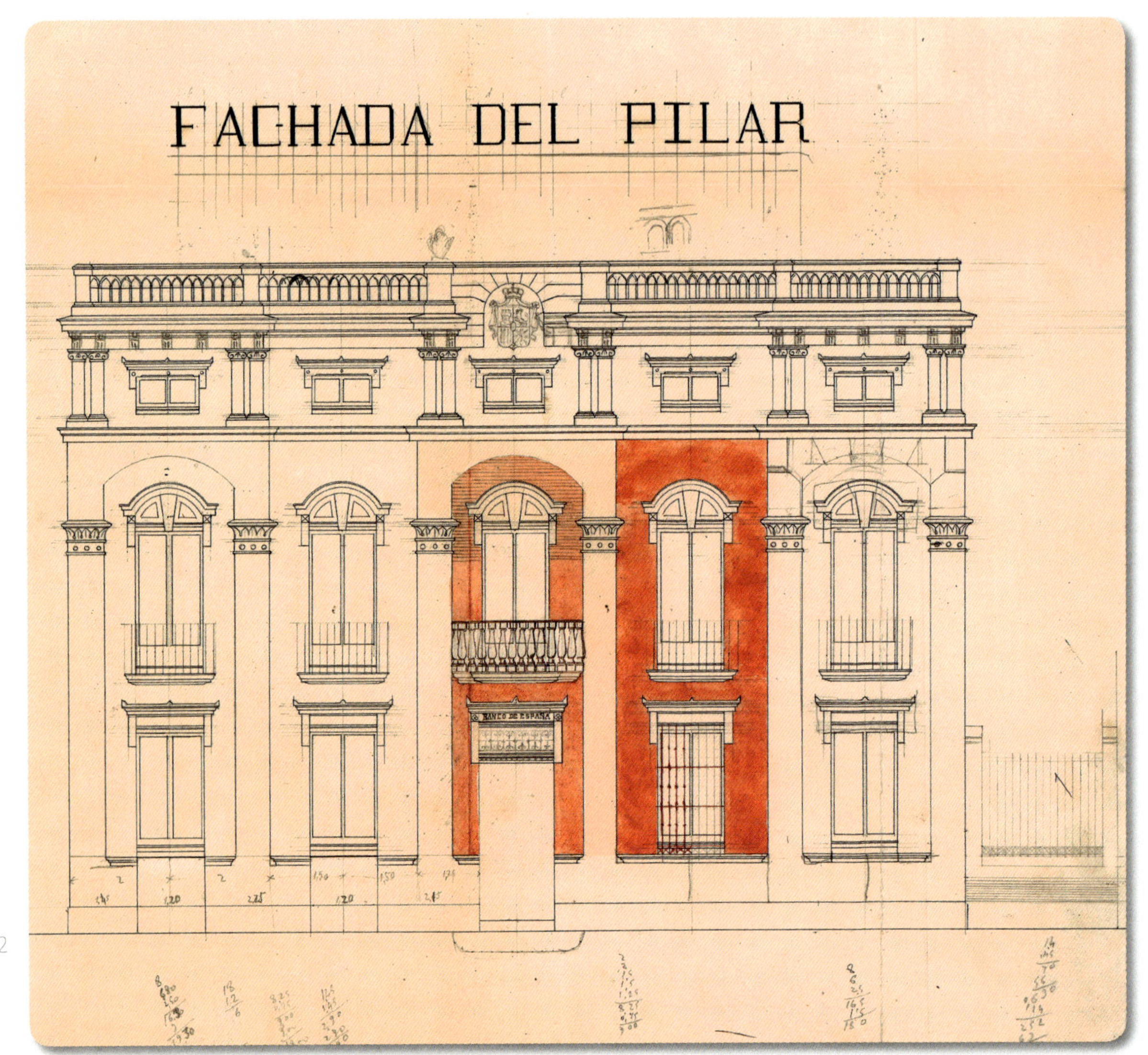

Fachada del Banco de España en la plaza del Pilar (Ciudad Real). Sebastián Rebollar, 1903. (AGDCR)

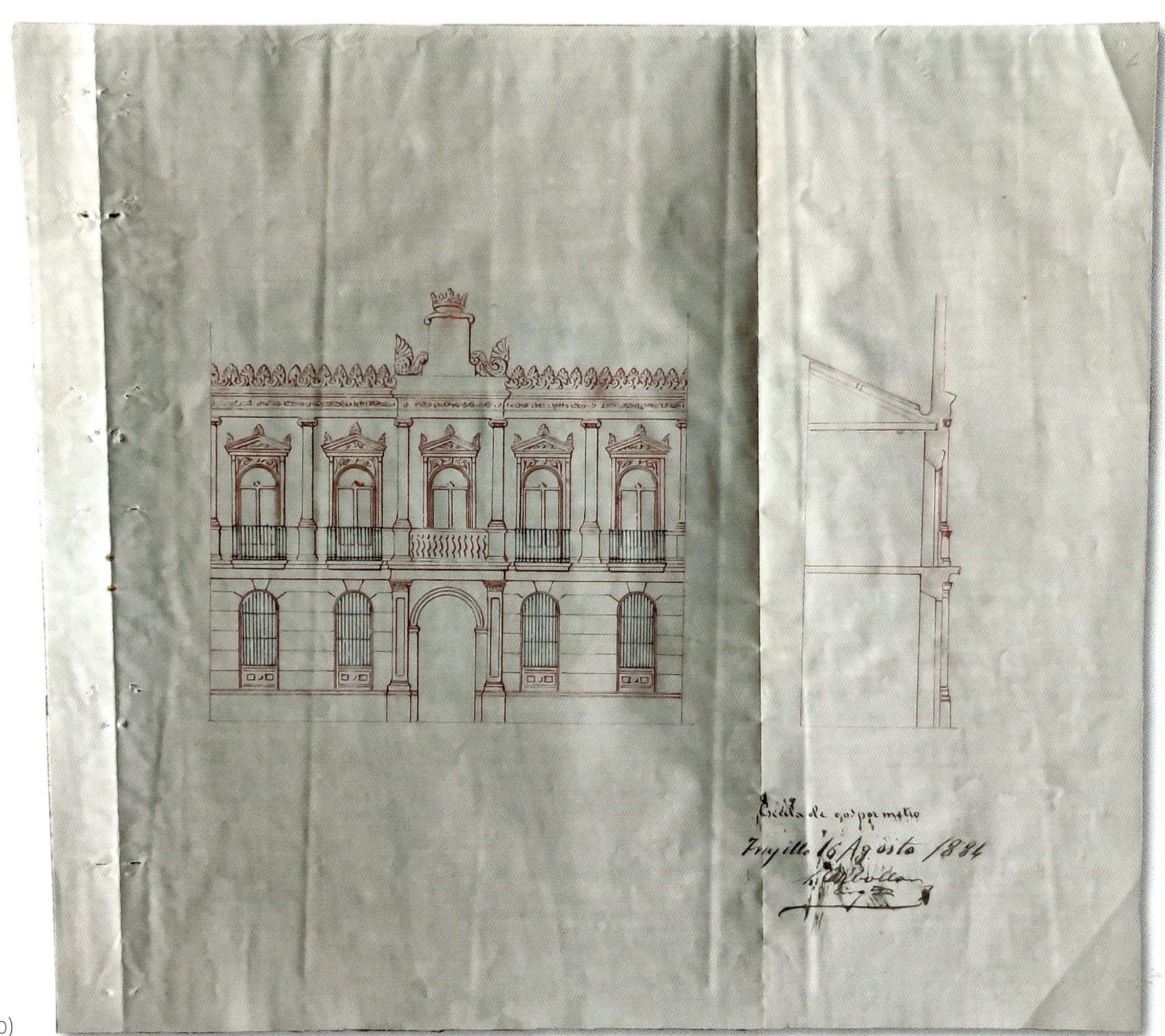

Fachada del
Ayuntamiento de Trujillo.
Sebastián Rebollar, 1884.
(Archivo Municipal de Trujillo)

Sección longitudinal del Palacio Provincial. Sebastián Rebollar, 1889. (AGDCR)

El proyecto
Proceso de construcción

La Corporación Provincial aprobó el 28 de marzo de 1889, en todos sus términos, la redacción del proyecto para la construcción del Palacio Provincial y, también, que el día 28 de mayo se anunciara la subasta para su construcción, licitándose las obras por un presupuesto de 368.778 pesetas.

Las obras de construcción se adjudicaron a Joaquín Castillo Panadero por un importe de 320.000 pesetas, mediante un contrato firmado ante el notario Isidoro Espadas el 6 de julio de 1889, donde se detallaban las características y materiales, las condiciones económicas y el modo de ejecución de la obra.

La Comisión Provincial dispuso, el 31 de julio de 1889, la colocación de la primera piedra para el inicio de las obras especificando: "que se coloque el día 18 de agosto de 1889 a las seis de la tarde, para lo cual se encargará al Sr. Arquitecto Provincial que ordene se labre una piedra que ha de servir al efecto y que se construya una caja de zinc que ha de embutirse dentro de dicha piedra y en cuya caja se depositarán los documentos oficiales y monedas de la época".

El Palacio de la Diputación Provincial, aunque las obras no estaban terminadas, se inauguraría oficialmente el 12 de octubre de 1892, haciendo coincidir el acto con la celebración del cuarto centenario del descubrimiento de América.

El presupuesto inicial de las obras se tuvo que aumentar en 107.023,42 pesetas., elevando el coste a un total de 427.023,42 pesetas.

Finalmente, después de cuatro años de trabajos, el Palacio se recepcionó el 21 de septiembre de 1893, siendo presidente de la Diputación José Cendrero y Díaz del Castillo.

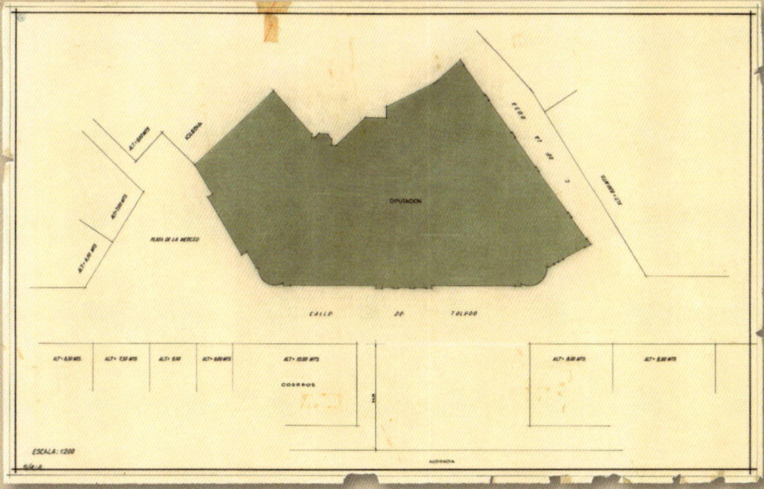

Plano del solar y su encaje urbano. Sebastián Rebollar, 1889. (AGDCR)

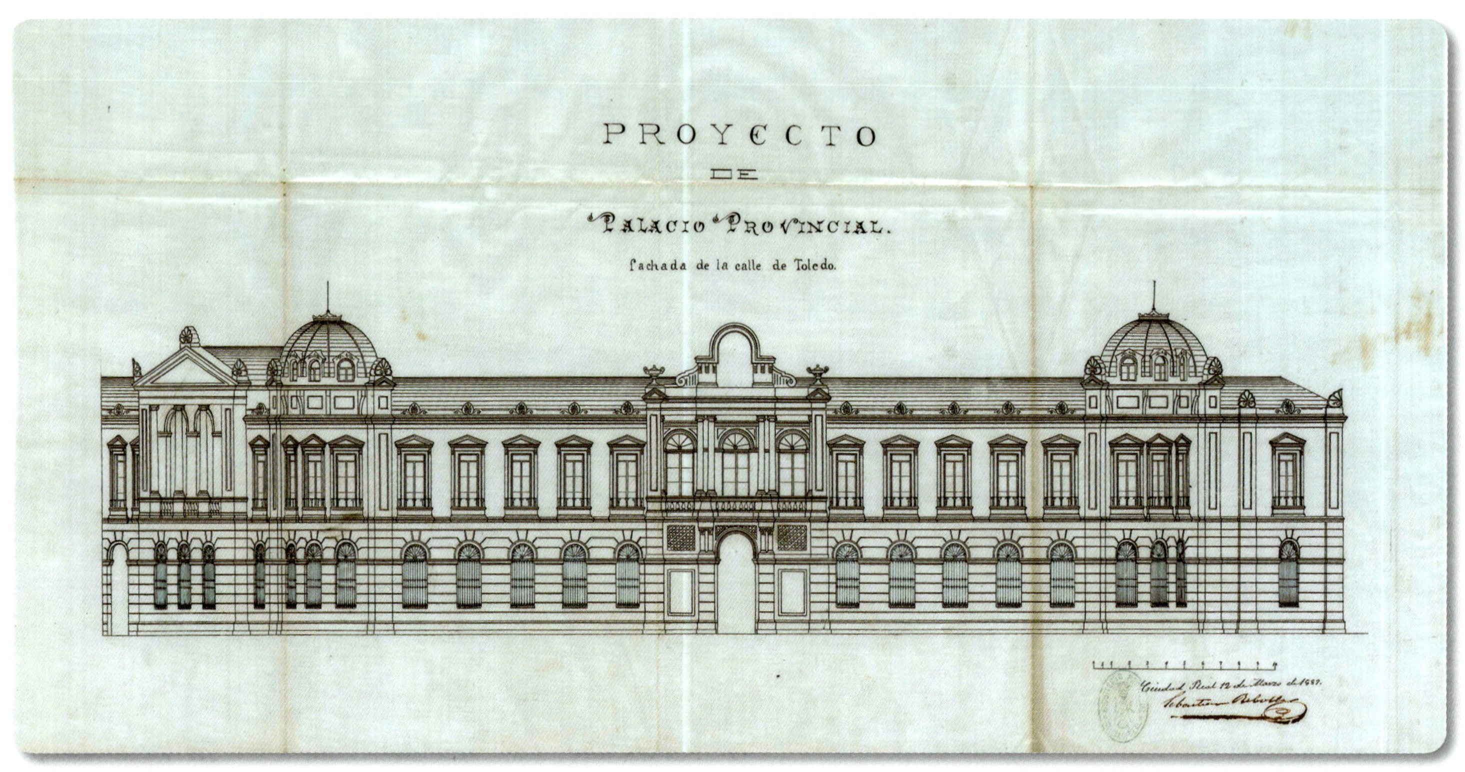

Alzado de fachada; vista desde la calle Toledo. Sebastián Rebollar, 1889. (AGDCR)

En la página siguiente. Croquis de la planta baja del Palacio, con anotaciones para el ajuste del diseño. Sebastián Rebollar, 1889. (AGDCR)

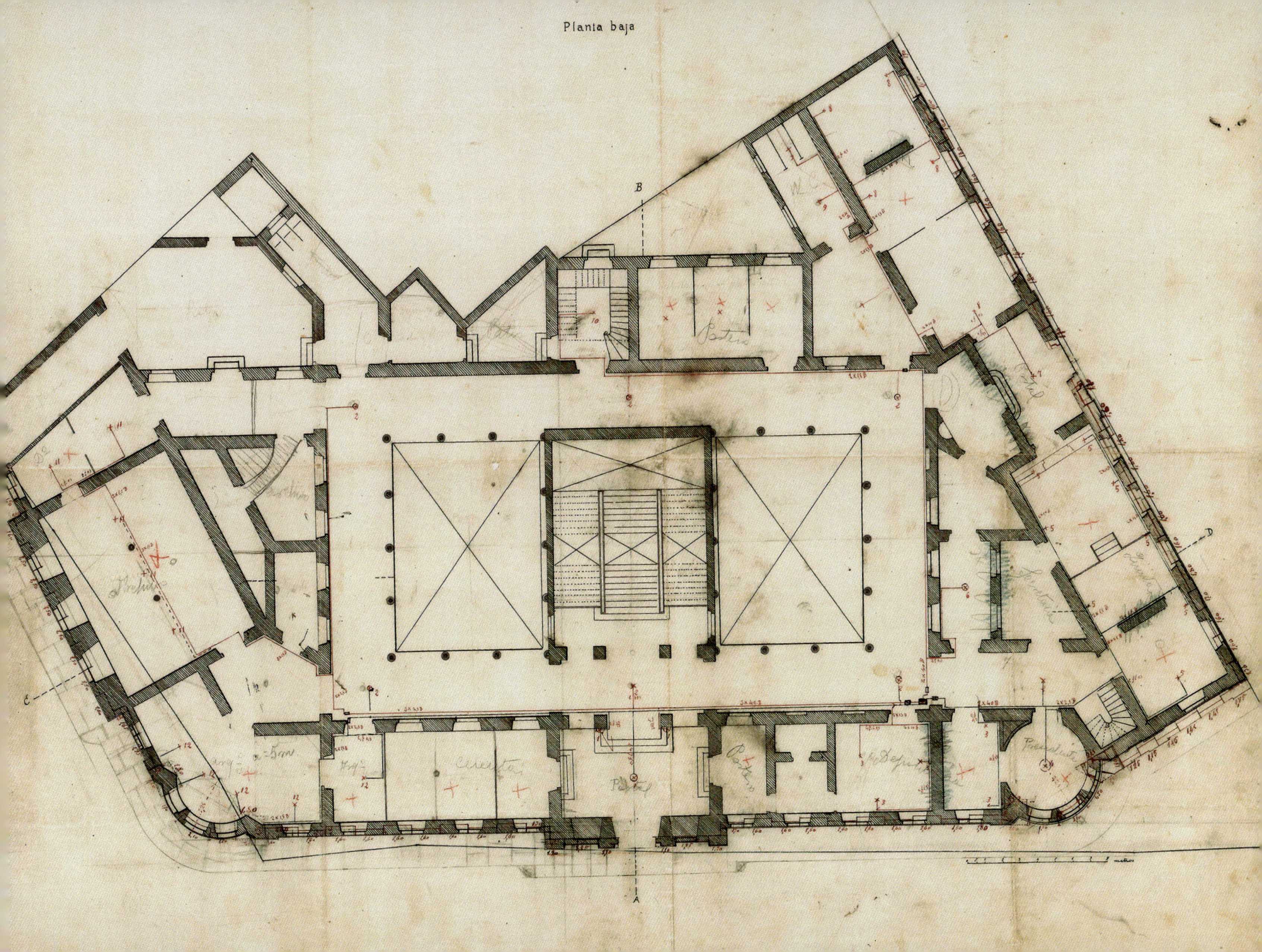
Planta baja
B
C
D
A
metros

Sección transversal del edificio por el eje
de la escalera prinicipal. (AGDCR)

Dibujo de alzado de fachada
de la plaza de la Merced. (AGDCR)

Pintura del techo de la Sala de Prensa / Comisiones

Decoradores

Samuel Luna

Ángel Andrade

En 1890, Ángel María Isidro Andrade Blázquez –Ángel Andrade– (Ciudad Real 1866-1932) recibió el encargo de realizar la decoración del Palacio durante su construcción, lo que, a juicio de la Institución, le permitirá "atender a su carrera y ser útil a la Corporación". Andrade, que aprendió el arte decorativo en los talleres de Giorgio Bussato y Bonard en Madrid, estaba becado por la Diputación Provincial desde 1884 –para continuar sus estudios de Arte en la Real Academia de San Fernando, lo que le permitió realizar un viaje de estudios a Italia– y ahora la Institución le reclamaba como profesional reconocido para dignificar su propia casa.

El artista creó bocetos para la ornamentación del Palacio y plasmó su habilidad artística en la decoración mural de la escalera y los techos de los salones de Sesiones y Comisiones, donde podemos identificar su firma y apreciar las influencias de la decoración palaciega italiana que descubriría en sus viajes de estudios.

El programa ornamental juega un papel fundamental en la configuración de la arquitectura del edificio, para ello Andrade creó un dialogo decorativo en las salas y espacios que estaban relacionados con una mayor representatividad de la actividad de la Institución. La pintura de Andrade refleja el academicismo de un pintor formado bajo el respeto al estilo clásico; con trazo seguro y colores suaves, utiliza alegorías y figuras clásicas que trasmiten al observador un mensaje sobre la importancia de las Bellas Artes, el buen gobierno y de la identidad de la provincia como símbolos necesarios del mensaje estético en la configuración del Palacio.

Samuel Luna (1860-1939), pintor nacido en Almagro, artista también pensionado por la Diputación desde 1886, se ofreció a colaborar en la ornamentación, por lo que, el 9 de abril de 1891, se tomó el acuerdo de que "preste su valioso concurso en el decorado del Palacio" bajo la dirección de Andrade.

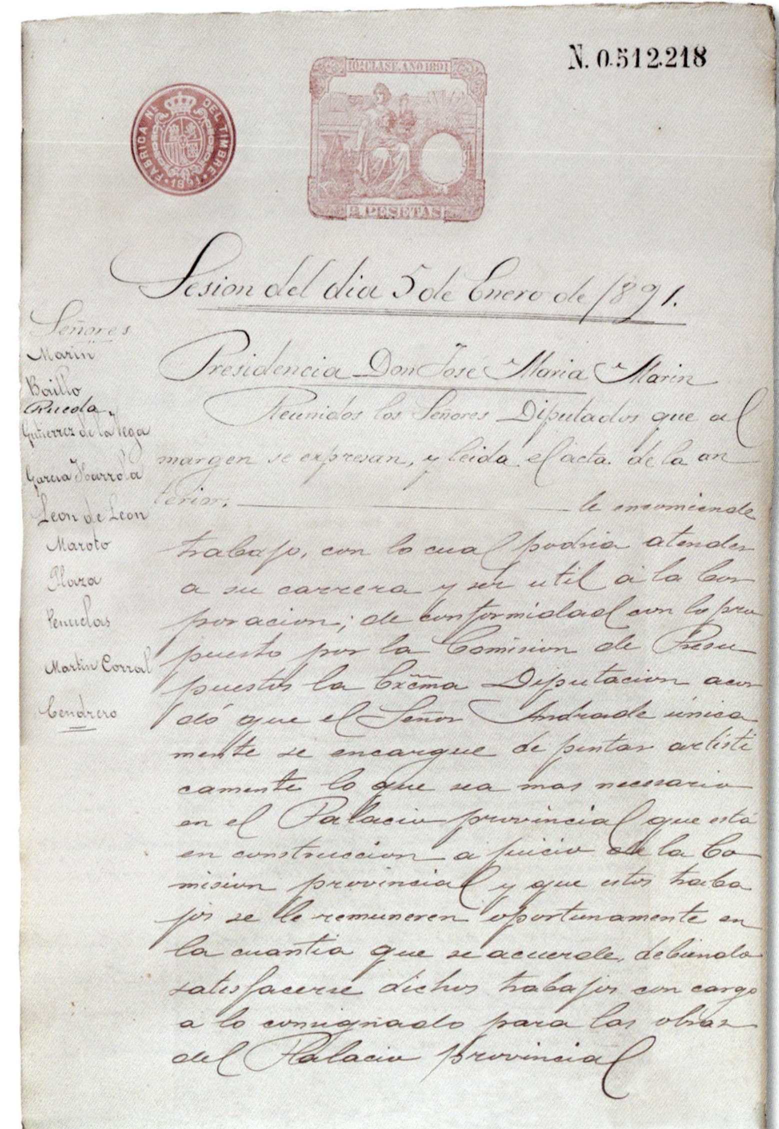

N. 0.512218

Sesion del dia 5 de Enero de 1891.

Señores Marin, Baillo, Arcecola, Gutierrez de la Vega, Garcia Ibarrola, Leon de Leon, Maroto, Olaza, Peñuelas, Martin Corral, Cendrero

Presidencia Don José Maria Marin

Reunidos los Señores Diputados que al margen se expresan, y leida el acta de la anterior, ——— le encomiende trabajo, con lo cual podria atender a su carrera y ser util a la Corporacion; de conformidad con lo propuesto por la Comision de Presupuestos la Excma Diputacion acordó que el Señor Andrade unicamente se encargue de pintar artisticamente lo que sea mas necesario en el Palacio provincial que está en construccion a juicio de la Comision provincial y que estos trabajos se le remuneren oportunamente en la cuantia que se acuerde, debiendo satisfacerse dichos trabajos con cargo a lo consignado para las obras del Palacio provincial

"Sesion del dia 5 de Enero de 1891.

Presidencia Don José Maria Marin

Reunidos los Señores Diputados que al margen se expresan, y leida el acta de la anterior, [...] le encomiende trabajo, con lo cual podria atender a su carrera y ser util a la Corporacion; de conformidad con lo propuesto por la Comision de Presupuesto de la Excma Diputacion acordó que el Señor Andrade únicamente se encargue de pintar artísticamente lo que sea mas necesario en el Palacio provincial que está en construccion a juicio de la Comision provincial y que estos trabajos se le remuneren oportunamente en la cuantia que se acuerde debiendo satisfacerse dichos trabajos con cargo a lo consignado para las obras del Palacio provincial" *

(AGDCR)

* Documento compuesto a partir de varias páginas originales para facilitar la comprensión de su alcance en la relación Artista-Corporación.

Grutesco del Salón de Recepciones.

D. ESTEBAN APARICIO Y ALVAREZ,

Caballero de la Real y distinguida órden de Carlos III: De la de Isabel la Católica: Comendador de la misma: Caballero de la de Cristo de Portugal: Pintor honorario de Cámara de S. M. la Reina D.ª Isabel II: Académico correspondiente de la de Nobles Artes de S. Fernando: Profesor numerario que fué de los Estudios Elementales de la Escuela Especial de Pintura; Profesor y jefe de seccion en la Escuela de Artes y Oficios, y Secretario de la Escuela Especial de Pintura, Escultura y Grabado.

Certifico: Que D. Samuel Luna y Lopez, natural de Almagro, provincia de Ciudad Real, consta matriculado en esta Escuela el Curso Académico actual en las clases de Dibujo y Modelado del Antiguo, Paisaje superior y en la de Antiguo y Ropajes, mereciendo en los exámenes Diploma de Accésit en la primera y calificación de Notable en la segunda.

R. al f.º 38, número 552 del libro corresp.te 1 peseta Art.º 30 de la Ley

Así resulta de los antecedentes de esta Secretaría. Y para que el interesado pueda hacerlo valer donde le convenga doy la presente á su instancia con el visto bueno del Excmo. é Ilmo. Sr. Director, sellada con el de la Escuela y firmada por mí en Madrid á nueve de Junio, año del sello.

V.º B.º

El Director
Carlos Luis de Ribera

El Secretario
Esteban Aparicio

Justificación de estudios y méritos de Samuel Luna, certificada por Esteban Aparicio y Álvarez, para su solicitud de participar en la decoración del Palacio. (AGDCR)

De izquierda a derecha y de arriba abajo. Representación de las Bellas Artes del mundo clásico en el tambor de la cúpula de la escalera central: Arquitectura, Escultura, Música y Pintura.

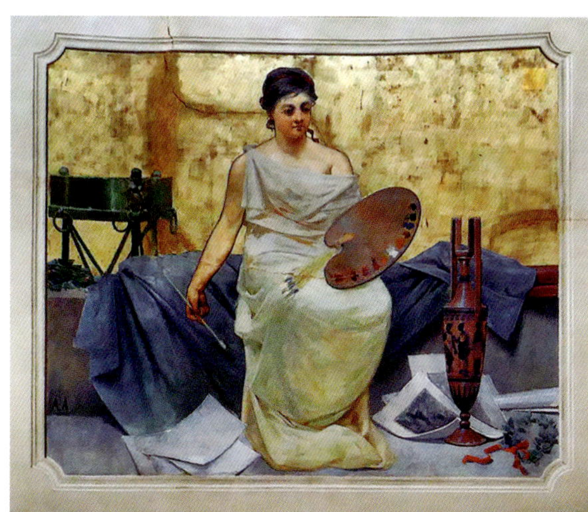

En la página anterior. Cúpula de la escalera central del Palacio.

Elementos arquitectónicos y decorativos del Palacio Provincial.

Uno de los faunos presentes en los capiteles de las columnillas de la escalera principal.

Chimenea francesa del Salón de Recepciones.

En la página anterior. Escalera central del Palacio.

En el Salón de Plenos Andrade pintó alegorías de las virtudes en el techo: Justicia y Fortaleza (a la izquierda), Prudencia (arriba) y Templanza (abajo).

Escaleras secundarias de comunicación entre plantas del Palacio Provincial.

Representantes de las diputaciones de Madrid, Santander, Logroño, Ávila, Segovia, Burgos, Soria, Guadalajara, Toledo, Albacete, Cuenca y Ciudad Real, reunidos en el Palacio para formar la "Mancomunidad Castellana".
Vida Manchega, n.º 98, 1914. (CECLM)

Los usos del Palacio

En 1927 se realizan las primeras obras en el Palacio Provincial tras su inauguración, para adecuar las instalaciones a nuevos servicios. Según la memoria de la Diputación de 1929, desde que se hizo el edificio no se había realizado ninguna reforma, solo las obras necesarias de conservación y reparaciones urgentes.

A partir de este año se realizan trabajos en los dos patios, que estaban abiertos, con el fin de cubrirlos. Se les instala un techo de cristal y se habilitan para acoger a la Caja Provincial de Ahorros de Ciudad Real, concebida como un organismo de crédito con fines sociales bajo la garantía y solvencia de la Diputación.

También se montará ese mismo año la Biblioteca Provincial, anteriormente ubicaba en el Instituto de Segunda Enseñanza. Esta reforma hará que la biblioteca cuente con una sala de lectura con capacidad para 60 personas. El mobiliario, diseñado por Ángel Andrade, consistía en unas estanterías de madera con puertas acristaladas. La prensa de la época señalaba que "la Biblioteca Provincial cuenta con 12.000 volúmenes, veintinueve incunables, entre ellos un manuscrito de San Gregorio Magno y otro manuscrito inédito sobre Historia de la Provincia de Ciudad Real y el sello de la antigua universidad de Almagro" (*El Pueblo Manchego*).

A lo largo de su historia, el Palacio ha sido un espacio expositivo, cabe recordar la colección de entomología de José María Hugo de la Fuente Morales, "el cura de los bichos", o la exposición permanente de la obra pictórica de Ángel Andrade, que desde 2005 se exhibe en las paredes de la Institución.

Finalmente, en 1944, la Diputación asume por orden Ministerial el Servicio de Recaudación y Contribuciones.

Arriba. Aspecto de la Biblioteca Pública Provincial de Ciudad Real, instalada en el Palacio. 1932. (Biblioteca Pública del Estado de Ciudad Real)

CIUDAD-REAL - Claustro de la Diputacion

"CIUDAD-REAL - Claustro de la Diputación". Imprenta Rubisco (entre 1915 y 1920). (CECLM)

El Palacio se convirtió en espacio expositivo.
En el patio se aprecia la colección entomológica del cura de los bichos (José María de la Fuente). (AGDCR)

Obras de ampliación y reforma en el Palacio para la instalación de la Caja de Ahorrros y la Recaudación de Contribuciones. Memoria del Gobierno Civil de 1928. *El avance de la provincia de Ciudad Real desde el 13 de septiembre de 1923 al 31 de diciembre de 1928*. (CECLM)

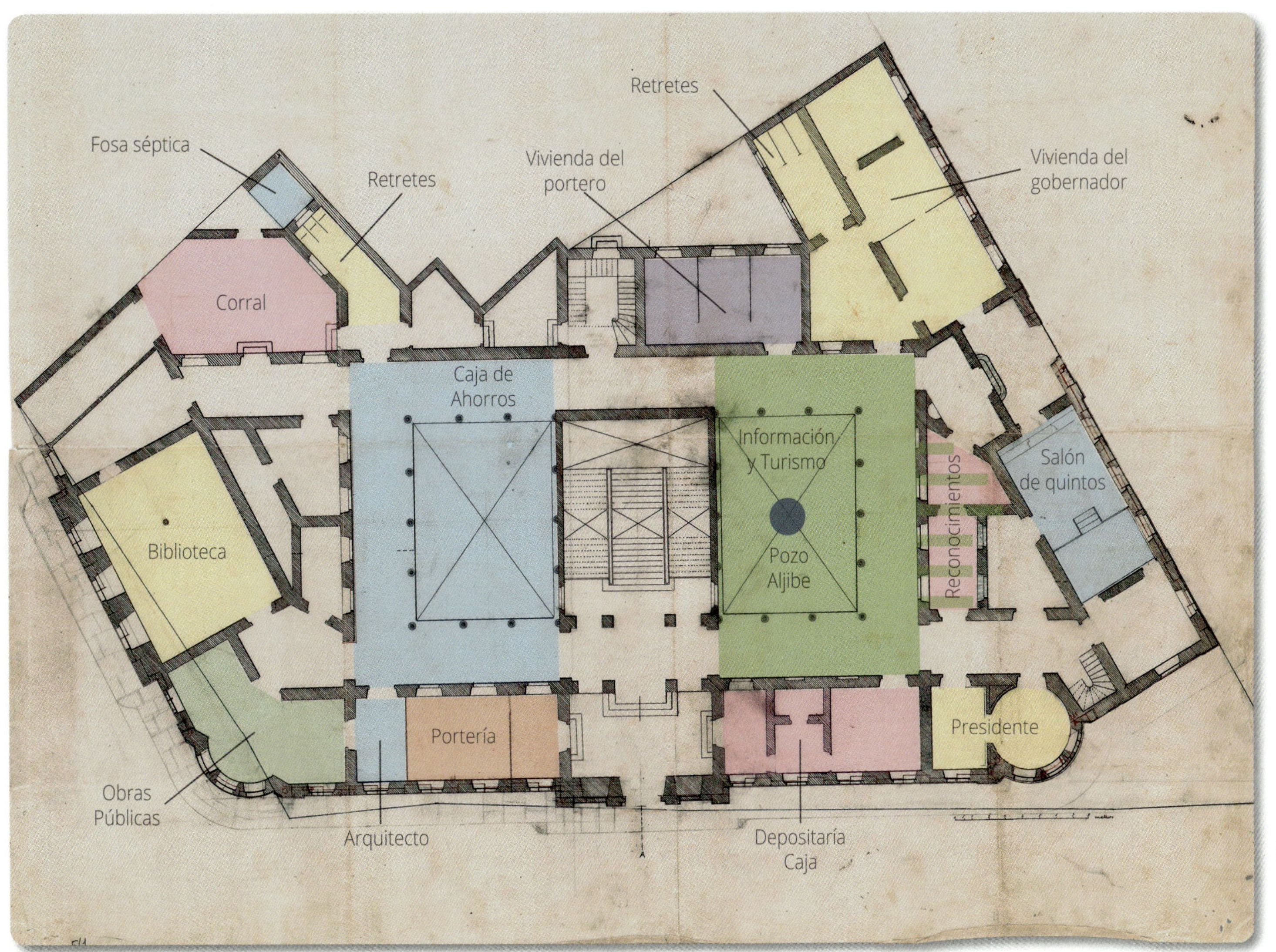

Plano de la planta baja del Palacio con la localización de algunos de los servicios que albergó. (AGDCR)

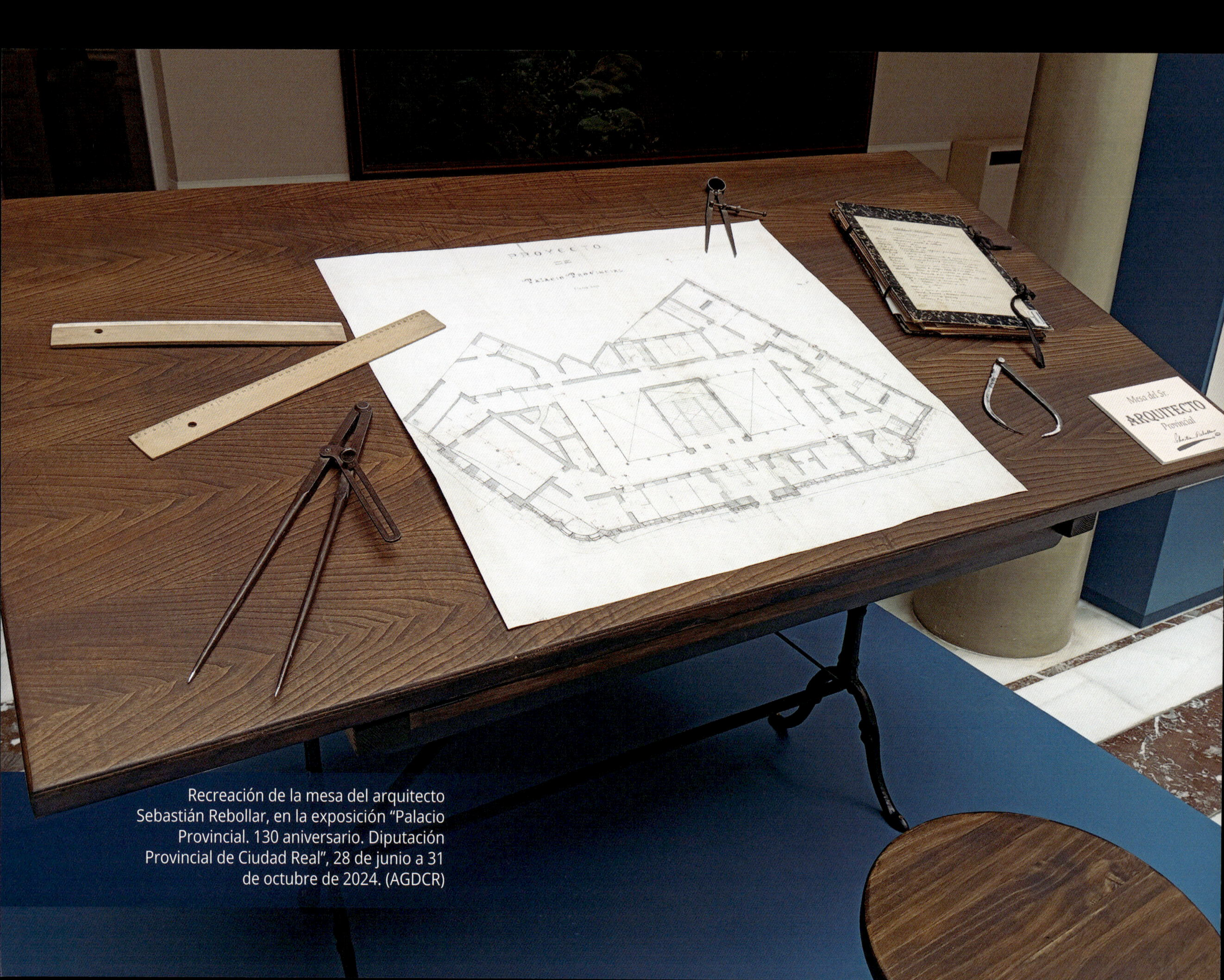

Recreación de la mesa del arquitecto Sebastián Rebollar, en la exposición "Palacio Provincial. 130 aniversario. Diputación Provincial de Ciudad Real", 28 de junio a 31 de octubre de 2024. (AGDCR)

El Departamento de Arquitectura de la Diputación tiene como cometido ayudar a los municipios de la provincia en la planificación, diseño, supervisión y gestión de proyectos urbanos y de arquitectura, desde la fase de diseño hasta la de ejecución; pudiendo colaborar en planificación urbana y rural, para asegurar un desarrollo sostenible y equilibrado en los ayuntamientos.

Desde que se creó, ha asumido y continúa realizando proyectos de diseño y construcción de toda índole, que van desde colegios e institutos a residencias de ancianos, pasando por campos de fútbol, plazas urbanas, casas consistoriales y un sinfín de proyectos destinados al servicio de los ciudadanos.

Desde este Departamento también se trabaja en la restauración y conservación de edificios históricos y patrimoniales, controlando que se mantengan en buen estado y se respeten sus valores culturales y arquitectónicos, entornos habitables, sostenibles y funcionales que ayuden a la mejora de la calidad de vida de los ciudadanos.

El arquitecto provincial, Sebastián Rebollar, junto con su antecesor Cirilo Vara y su sucesor Telmo Sánchez, entre otros, han sido los verdaderos maestros de los arquitectos provinciales que, desde 1835, han ido asumiendo tan importante responsabilidad.

Departamento de Arquitectura
de la Diputación de Ciudad Real

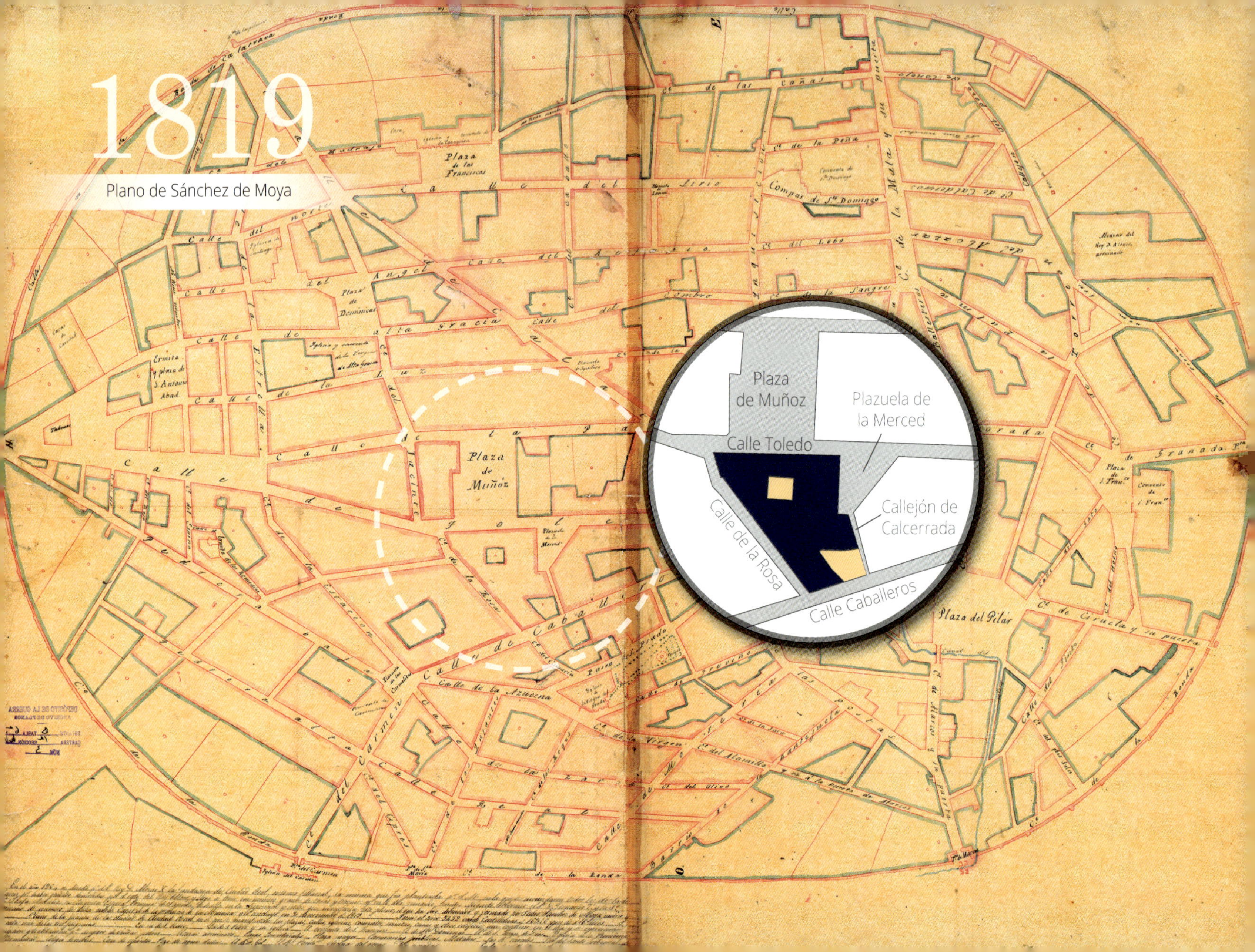

1819
Plano de Sánchez de Moya
Plaza de Muñoz
Plazuela de la Merced
Calle Toledo
Callejón de Calcerrada
Calle de la Rosa
Calle Caballeros

La ciudad y el Palacio

El Palacio de la Diputación Provincial se encuentra presidiendo la plaza de la Constitución, un espacio urbano de la capital que, con el paso del tiempo, ha ido cambiando su fisonomía e incluso su denominación.

Originalmente se la llamaba plazuela de Don Luis Muñoz, por tratarse de un solar propiedad de este vecino que, además, tenía su casa solariega frente al Palacio, donde hoy se encuentra el edificio de Correos. Posteriormente, el Ayuntamiento compró el solar para configurarlo como espacio público de referencia por lo que, en 1931, pasó a denominarse plaza de la República.

No sería este el último cambio pues, finalizada la Guerra Civil, se optó por un nuevo nombre: plaza de José Antonio Primo de Rivera; hasta que en 1982 se le da el actual: plaza de la Constitución –dedicada a la Constitución de 1978–. Solo unos años después el espacio urbano adquirió el aspecto que presenta en la actualidad.

En su fachada sur, el Palacio da al callejón de la Merced, una pequeña vía urbana que se abrió en el siglo XIX –con el nombre de callejón de Calcerrada– para unir la calle Toledo, desde la plazuela de la Merced, con la calle Caballeros y atravesaba las tapias pertenecientes al convento, siendo utilizado como corral para el encierro de los toros que se lidiaban en la Plaza Mayor.

A principios del siglo XX aparece en el callejero como travesía del Instituto; en 1953 se le denomina oficialmente pasaje de la Merced y, ya en 1986, en el plano de Ciudad Real realizado por el Instituto Geográfico y Estadístico de España, se nombra como calle de la Merced.

En la página anterior. *Plano de la planta de la ciudad de Ciudad Real, en el que se manifiestan las plazas, calls., iglesias, ermitas, casas y otros edificios que contiene* [...] *delineado y formado por Pedro Sanchez de Moya, vecino y escrivano de numero de dicha ciudad Capital de la Mancha y lo concluyo en 30 de noviembre de 1819 ; Copia del original que existe en Ciudad Real 24 de agto. de 1848. El comandte. del Cpo. de E.M. Juan de Dios Sevilla.* (Instituto de Historia y Cultura Militar, Archivo Cartográfico de Estudios Geográficos del Centro Geográfico del Ejército. Ministerio de Defensa)

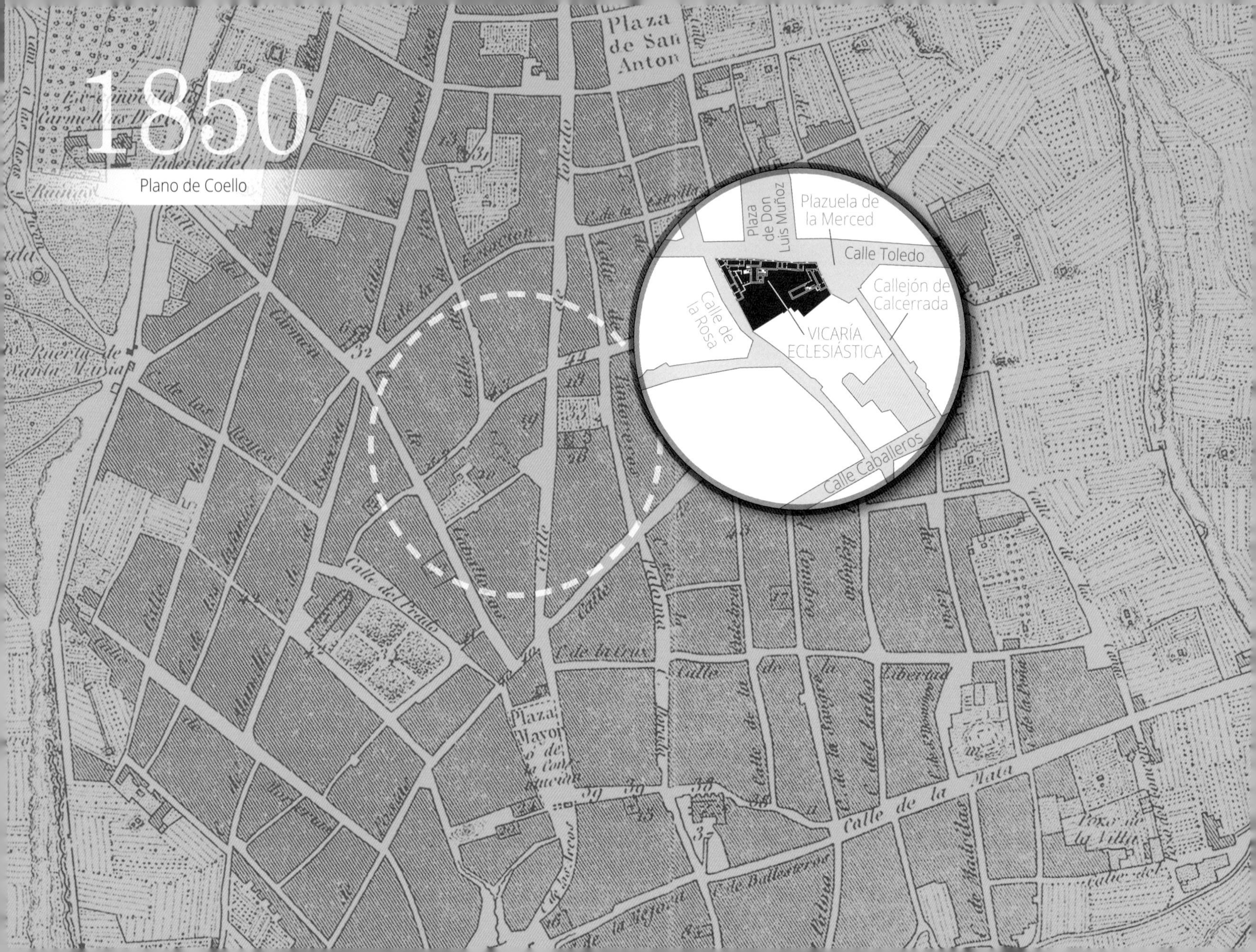
1850
Plano de Coello
Plaza de Don Luis Muñoz
Plazuela de la Merced
Calle Toledo
Callejón de Calcerrada
Calle de la Rosa
VICARÍA ECLESIÁSTICA
Calle Caballeros

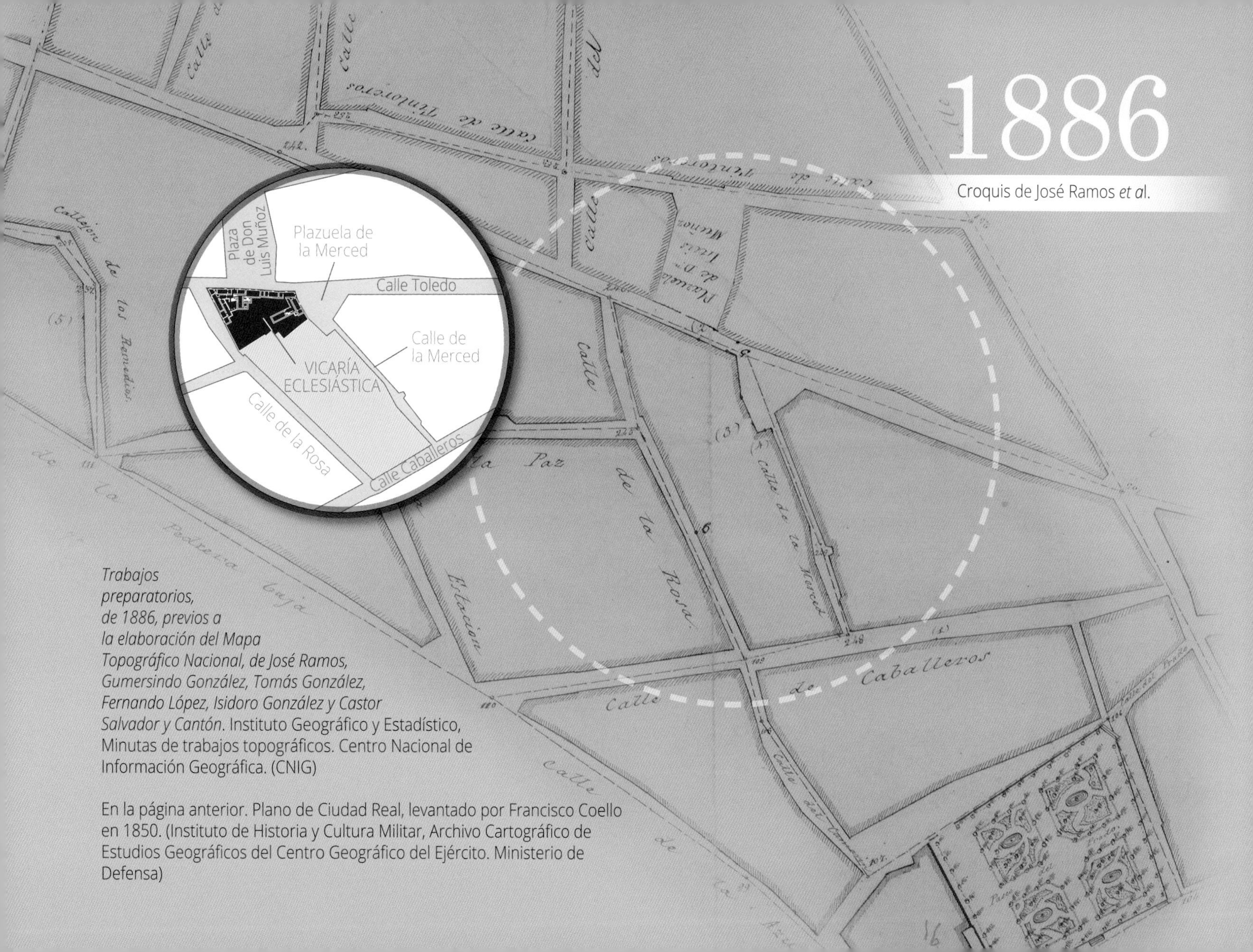

1886

Croquis de José Ramos *et al.*

Trabajos preparatorios, de 1886, previos a la elaboración del Mapa Topográfico Nacional, de José Ramos, Gumersindo González, Tomás González, Fernando López, Isidoro González y Castor Salvador y Cantón. Instituto Geográfico y Estadístico, Minutas de trabajos topográficos. Centro Nacional de Información Geográfica. (CNIG)

En la página anterior. Plano de Ciudad Real, levantado por Francisco Coello en 1850. (Instituto de Historia y Cultura Militar, Archivo Cartográfico de Estudios Geográficos del Centro Geográfico del Ejército. Ministerio de Defensa)

1925
Plano de Sofi
Plaza de Don Luis Muñoz
Plazuela de la Merced
Calle Toledo
Callejón del Instituto
PALACIO PROVINCIAL
Calle de la Rosa
Calle Caballeros

En la página anterior. *Plano Censo de Ciudad Real, levantado por el Inspector Jefe de Vigilancia Martín Sofi Heredia; Revisado y aprobado por el Excmo. Ayuntamiento,* 1925.

El Palacio Provincial en una fotografía (toma oeste) del piloto de aviación y pionero suizo Walter Mittelholzer (1894-1937), cofundador de la aerolínea Swissair. 1928. (ETHzürich)

Plaza de la Merced, con el Palacio a la derecha y la iglesia de la Merced a la izquierda. Salas (CECLM)

El Palacio y el convento de la Merced

La construcción del Palacio Provincial supuso un cambio de imagen, a finales del siglo XIX, en el entorno del convento de la Merced.

Tras la desamortización, la Diputación acabaría adquiriendo el antiguo pósito, fundado en 1694 por Álvaro Muñoz de Figueroa (mecenas también de la iglesia de la Merced), por un total de seis mil pesetas, sumando su espacio al solar adquirido a la antigua Vicaría Eclesiástica.

Un nuevo referente, edificado desde su origen con la idea de ser foco de atención para ciudadanos y administraciones locales y faro con el que iluminar la vida de la provincia, un palacio, donde todo debía deslumbrar, entraba en contraposición con el impresionante, pero austero instituto –humilde convento hasta 1843–.

El eje de la vida social de Ciudad Real se extendió más allá de la Plaza Mayor, con instituto y Palacio, siguiendo la línea trazada por la histórica calle Toledo en dirección a los límites de lo construido.

Esquina del Instituto de Segunda Enseñanza de Ciudad Real a principios del siglo XX –callejón del Instituto con plaza de los Mercedarios–. (*El Palacio Provincial y su época*, BAM, 2018)

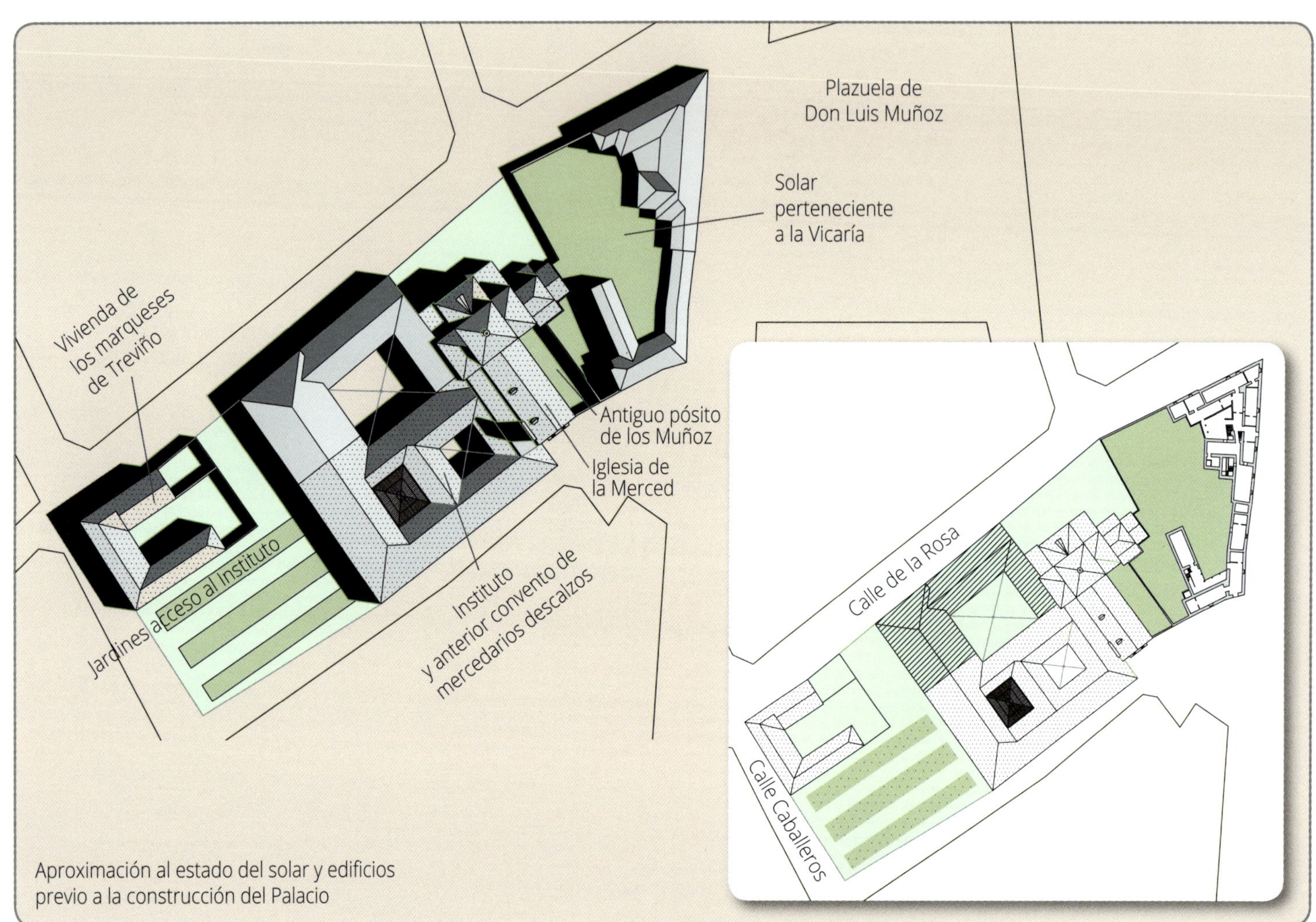

Aproximación al estado del solar y edificios previo a la construcción del Palacio

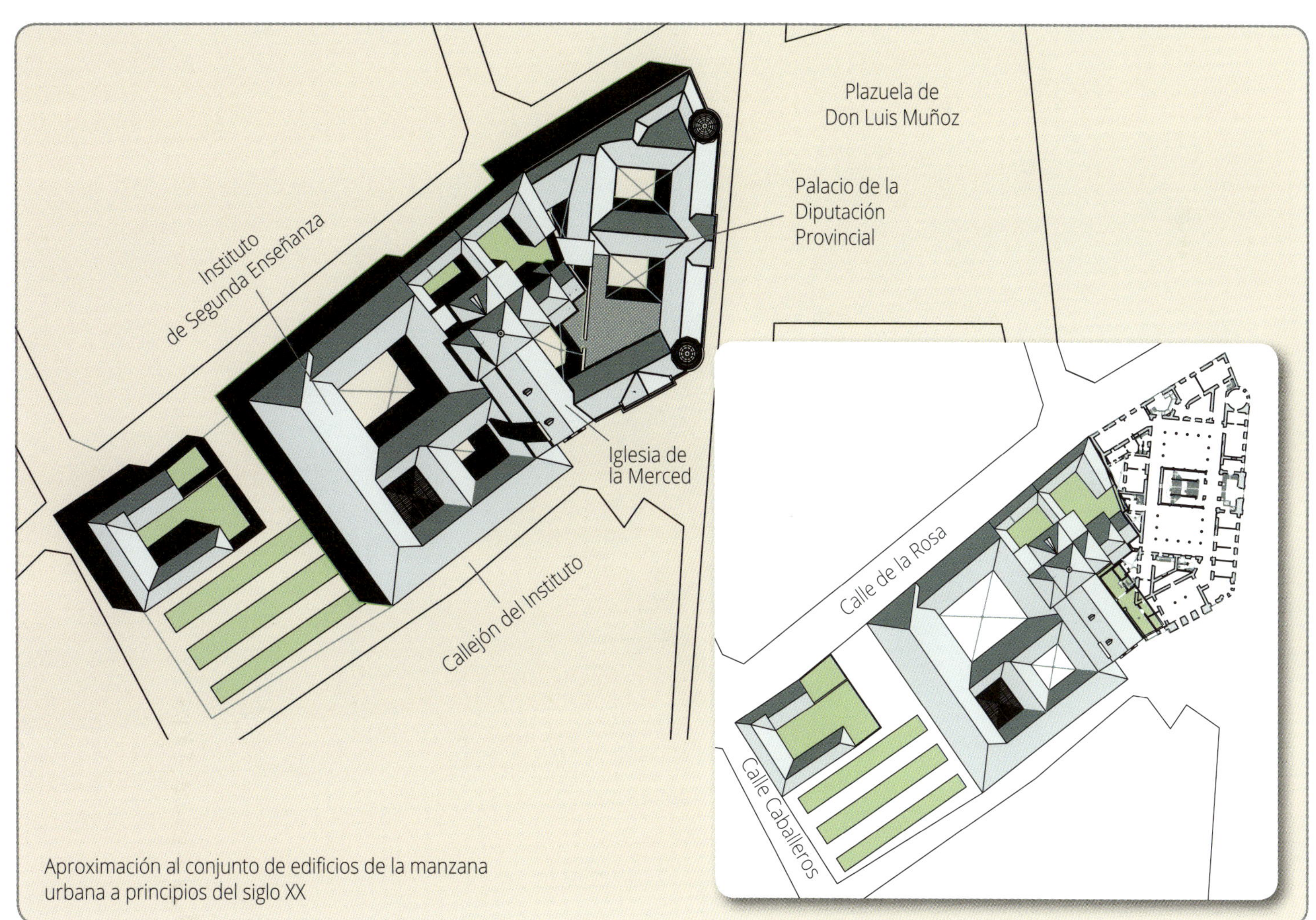

Aproximación al conjunto de edificios de la manzana urbana a principios del siglo XX

Aproximación al conjunto de edificios de la manzana urbana, en la actualidad

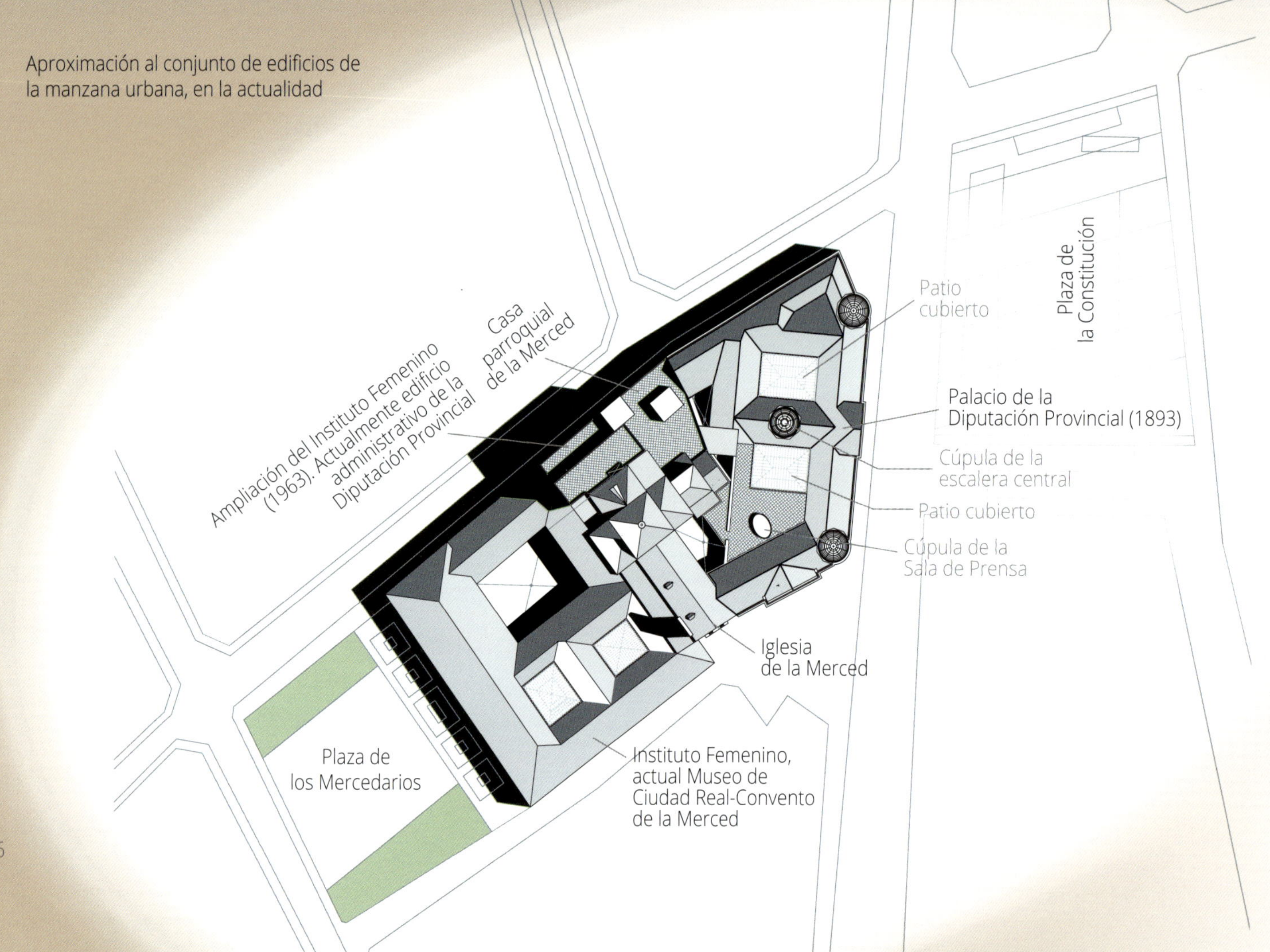

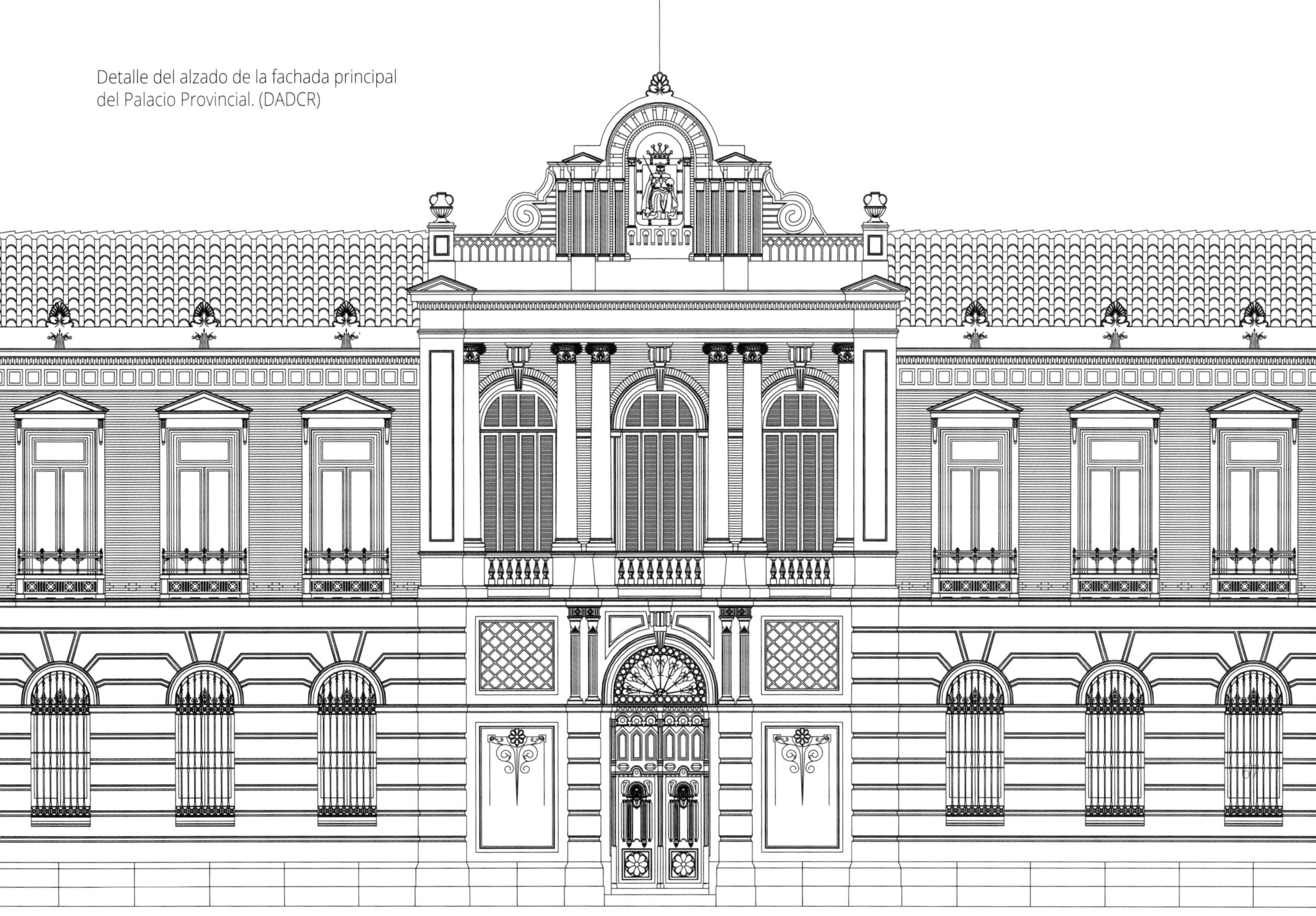

Detalle del alzado de la fachada principal del Palacio Provincial. (DADCR)

Detalle del alzado de la fachada de la Plazuela de La Merced. (DADCR)

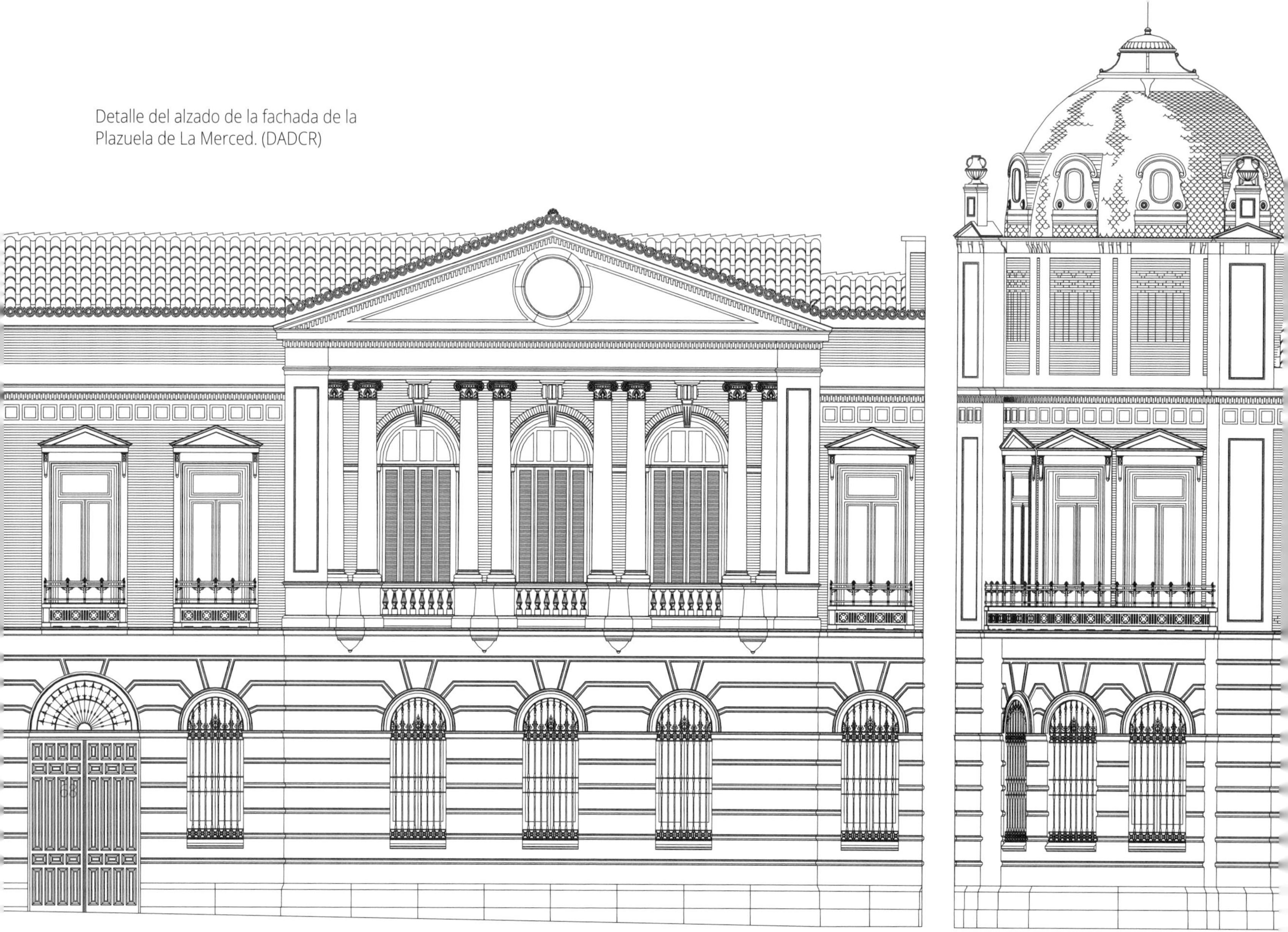

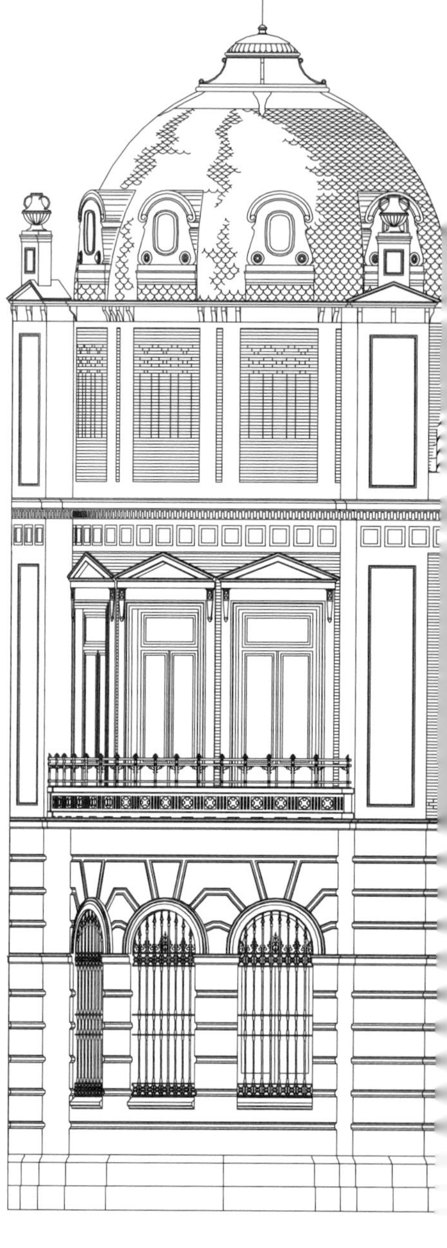

El convento de la Merced y el Palacio de la Diputación

Pilar Molina Chamizo

La historia del edificio de la Merced se extiende en el tiempo más de cuatrocientos años. Originalmente fue un convento mercedario descalzo, bajo la advocación de la Inmaculada Concepción, gestado en el año 1610 en el testamento del capitán Andrés Lozano. Las obras de construcción no comenzarían hasta el año 1621, prolongándose durante cincuenta años, finalizando con la edificación de una nueva iglesia, levantada a partir de 1674 con mecenazgo de don Álvaro Muñoz de Figueroa, poderoso personaje perteneciente a la nobleza local.

El convento mercedario sería desamortizado durante el primer tercio del siglo XIX, separándose sus instalaciones en dos mitades: la iglesia y el convento. El templo conservaría su vinculación eclesiástica, convertido en 1877, tras la creación de la sede prioral de Órdenes Militares, en parroquia auxiliar con el nombre de Santa María del Prado. Las antiguas dependencias de los frailes, serían reformadas para acoger a partir de 1843 el primer instituto de enseñanza secundaria de la provincia de Ciudad Real, continuando con esta función docente hasta el año 1995. Durante todo este periodo de tiempo se realizarían grandes reformas de ampliación y remodelación en el antiguo edificio, modificando sustancialmente su aspecto y trazado original.

El entorno de la antigua iglesia también experimentaría una nueva imagen a finales del siglo XIX, vinculado a la construcción del Palacio Provincial. El 11 de junio de 1889, estando en pleno diseño del nuevo edificio, el arquitecto Sebastián Rebollar aconsejó comprar una casa situada en el número 23 de la plazuela de la Merced, colindante por un lado con el mencionado templo de la Merced y por otro con varios edificios que la Diputación había comprado recientemente a la Vicaría Eclesiástica. Aquella casa, por entonces propiedad de doña Catalina Jarava de la Torre, viuda de don Luis Antolínez de Castro, era un antiguo pósito fundado el 12 de octubre de 1694 por don Álvaro Muñoz de Figueroa, dueño de todo aquel terreno, con la intención de abastecer a los pobres labradores de Ciudad Real en épocas de escasez de granos. Tras la desamortización, sus descendientes terminarían finalmente vendiéndolo a la Diputación por un total de seis mil pesetas. Los planos del solar previos a la construcción del Palacio levantados por Rebollar en 1889 nos indican que jamás hubo necesidad de tirar un colateral de la iglesia de la Merced para construir el Palacio, puesto que lo que existía previamente en ese espacio fue el mencionado pósito y sus dependencias.

Del Academicismo al Eclecticismo

Composición arquitectónica del Palacio

El propósito para el que se construyó el edificio lo comunica el carácter de su fachada, enfatizando mediante pórticos con frontones y columnas las dependencias principales: Salón de Plenos y Sala de Recepciones, Biblioteca (desaparecida), así como sus accesos.

El Palacio viene definido mediante una disposición por *ejes de simetría* propia del academicismo del siglo XIX que, a la vez, genera *jerarquía visual*, dejando intuir la distribución funcional de las dependencias del edificio. Concretamente, posee tres ejes principales, remarcados en su fachada por los frontones que expresan la jerarquía espacial al tiempo que inducen a la imagen de *monumentalidad*.

La jerarquía no solo se establece en la distribución de la planta y a través de los ejes de simetría sino que también se corresponde con el recorrido vertical de fachada, a través del *uso de materiales diversos*: zócalo de granito, planta baja de piedra arenisca y primera planta (más liviana) de ladrillo visto (introducido en la construcción de edificios palaciegos), remarcando los extremos de la fachada principal a modo de charnela mediante elementos cilíndricos culminados con sendas cúpulas, enfatizando así los sentidos de *simetría y equilibrio*.

La estructura general de la planta se articula mediante una *gran escalera* y *patios centrales rodeados de columnas*, con *distribución periférica de los espacios*.

Tanto en su fachada como en su interior, subsisten diferentes estilos históricos propios del Eclecticismo, mostrándose en los dos frontones de fachada: *frontón neoclásico con estilo jónico en sus capiteles* (*órdenes clásicos*) en la plaza de la Merced y frontispicio ampliamente decorado, incluyendo el relieve del rey Alfonso X, sobre el acceso de la fachada principal.

Contiene un *ritmo de vanos* (ventanas equidistantes), así como dos tipos de estilos diferentes: en planta baja se disponen ventanas con arco de medio punto mientras que, en planta primera, las ventanas se diseñan con dinteles decorados a modo de frontones.

En la página anterior. Aspecto que presentaban, en origen, la antesala y el Salón de Plenos del Palacio –ca. 1929–. (*El Palacio Provincial y su época*, BAM, 2018)

EJES DE SIMETRÍA Y EQUILIBRIO, 1

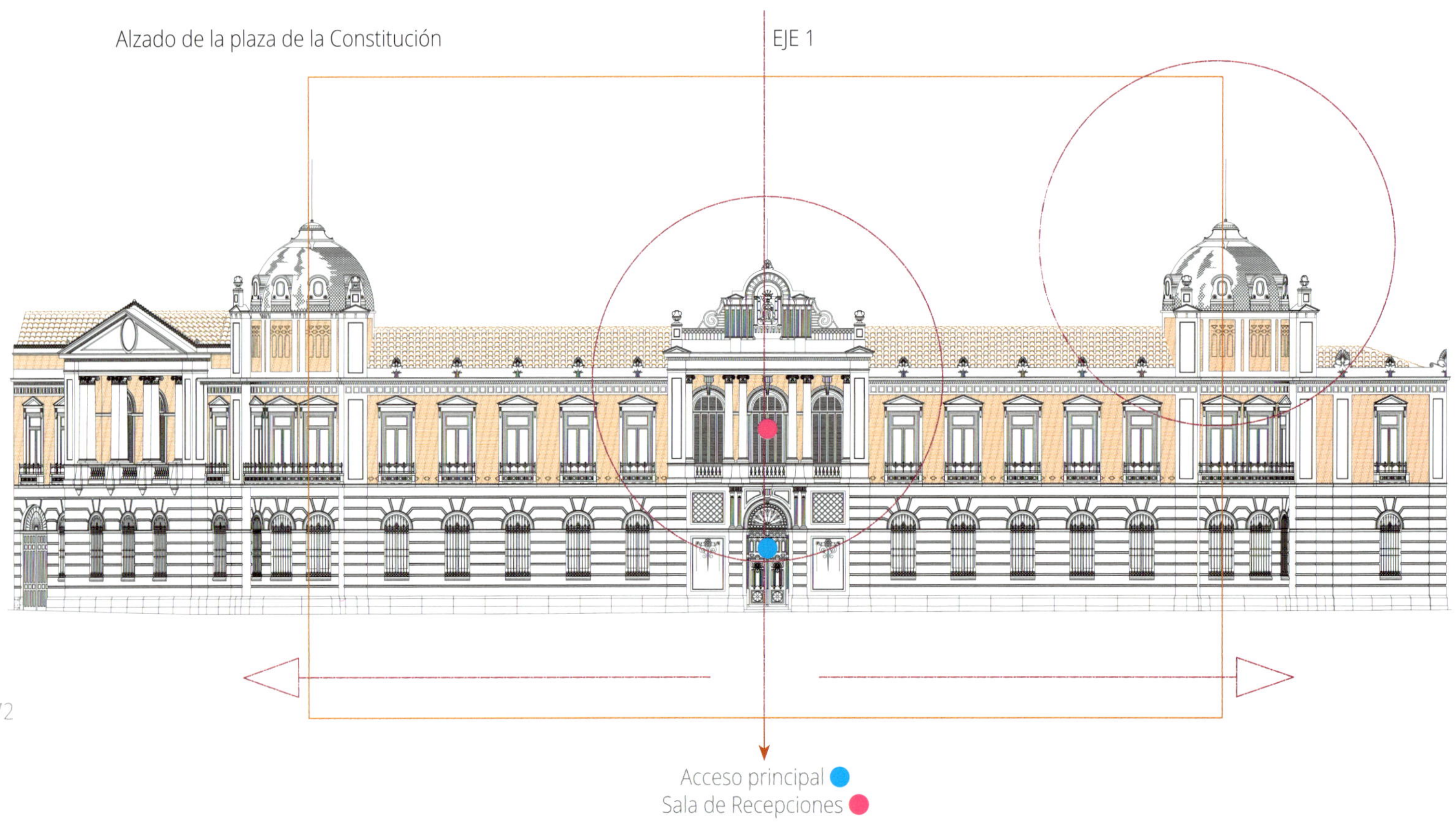

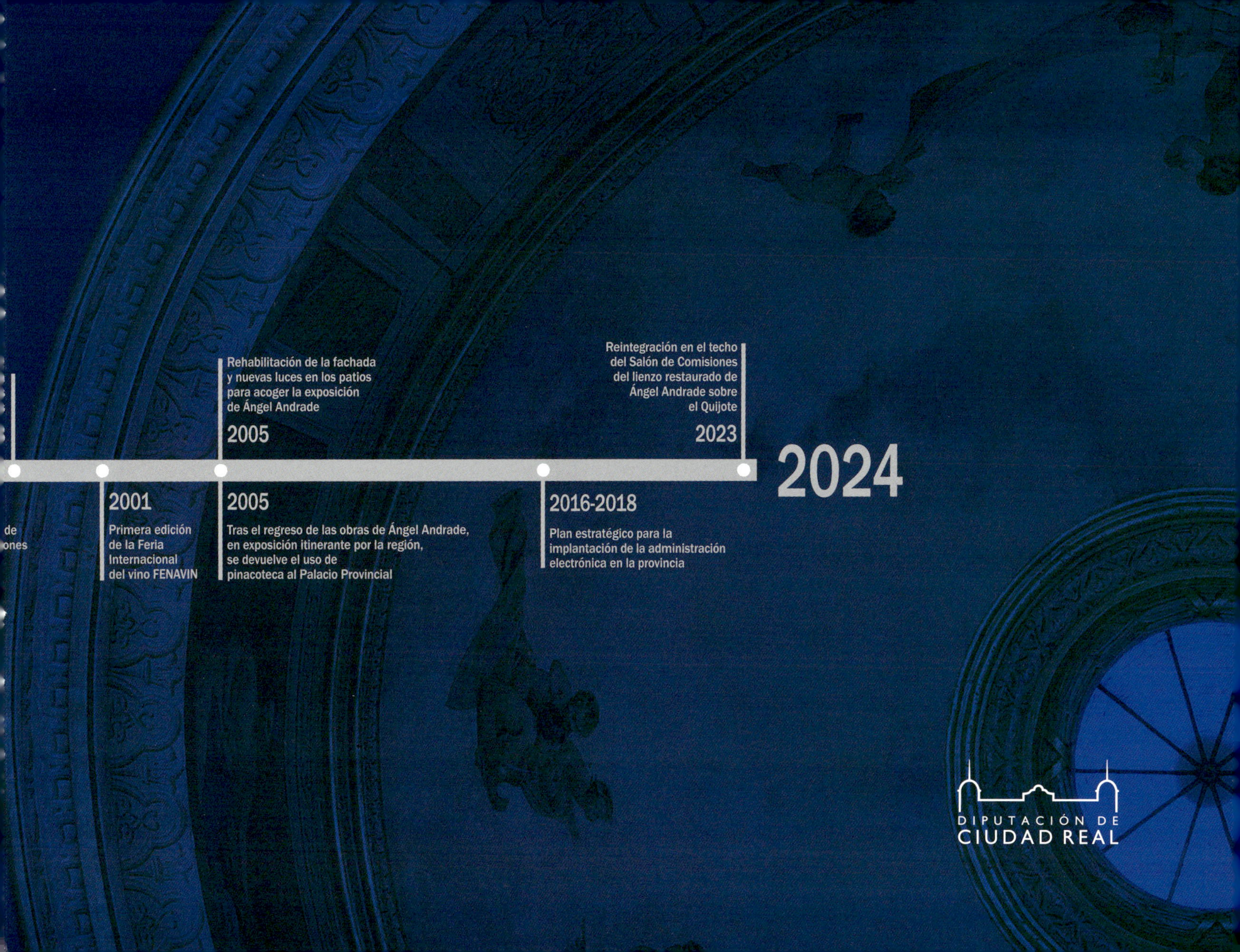

de
ones
2001
Primera edición
de la Feria
Internacional
del vino FENAVIN
2005
Rehabilitación de la fachada
y nuevas luces en los patios
para acoger la exposición
de Ángel Andrade
2005
Tras el regreso de las obras de Ángel Andrade,
en exposición itinerante por la región,
se devuelve el uso de
pinacoteca al Palacio Provincial
2016-2018
Plan estratégico para la
implantación de la administración
electrónica en la provincia
2023
Reintegración en el techo
del Salón de Comisiones
del lienzo restaurado de
Ángel Andrade sobre
el Quijote
2024
DIPUTACIÓN DE
CIUDAD REAL

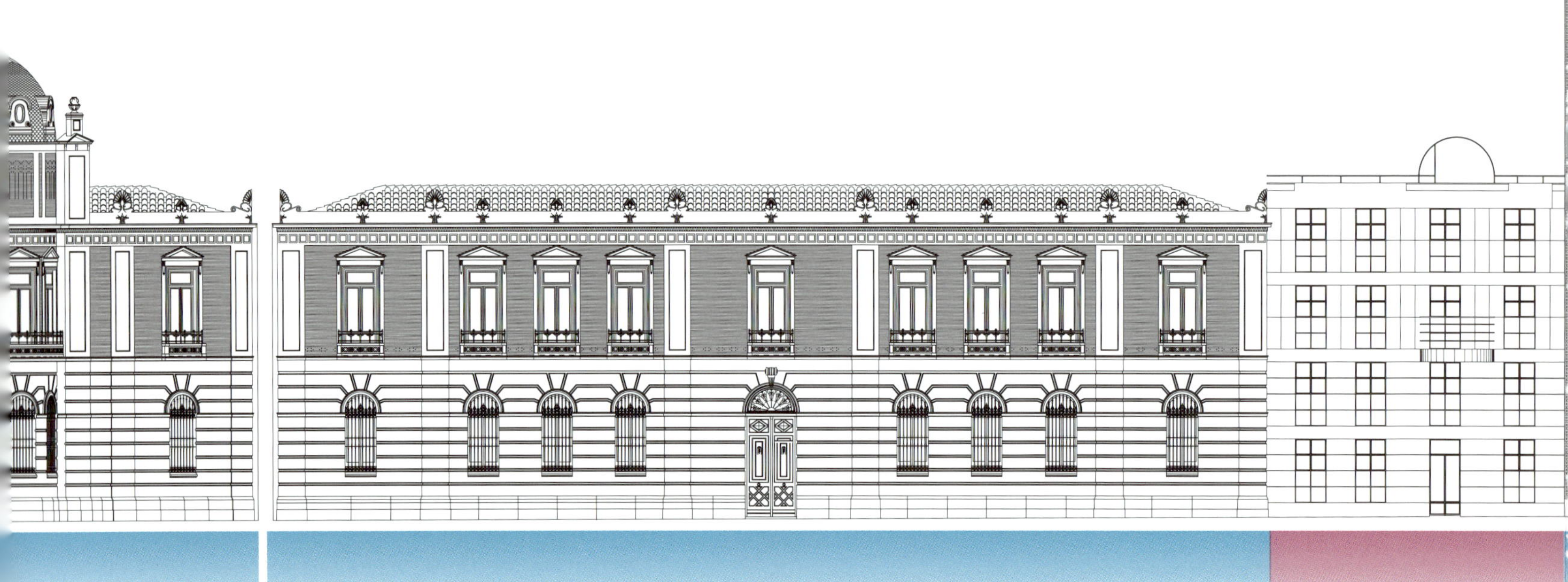

CASA PARROQUIAL
DE LA MERCED

FACH

EDIFICIO ADMINISTRATIVO
DE LA DIPUTACIÓN PROVINCIAL

MUSEO DE CIUDAD REAL – CONVENTO DE LA MERCED

ADA EN LA CALLE DE LA ROSA

1958
Armadura de la cubierta del Salón de Sesiones. Arquitecto: Luis Mosteiro Pássaro

1959
Establecimiento del Plan de Caminos Provinciales para la mejora de las infraestructuras de la provincia

1960
Proyecto de reforma del Salón de Sesiones. Arquitecto: Miguel Fisac

1965
Desarrollo del Servicio de Mejora Ganadera y creación de las primeras ferias y premios provinciales

1966
Premio al "Mérito Turístico" a la Diputación Provincial por su labor en la promoción turística de la provincia

1970
Desecación y aireación de los muros del Palacio

1972
La Diputación promueve la creación en Ciudad Real del Colegio Universitario mediante la creación de un patronato

1975
Primera edición de la revista de carácter provincial, *20.000 km²*

1979
El 26 de abril se constituye la primera Corporación de la actual Democracia, con Eloy Sancho como primer presidente

1981
Reforma del Archivo General en el Palacio

1984
Se crean las Universidades Populares en la provincia y la Biblioteca de Autores Manchegos. Se celebra la 1.ª Semana de la Provincia

1985
Reforma del Palacio. Construcción del edificio complementario al Palacio Provincial, ubicado en el patio, junto a la Iglesia de la Merced

1986
Se crea el Servicio contra incendios, "Emergencia Ciudad Real", para municipios menores de 20.000 habitantes

1988
Se crea el Consorcio RSU para la gestión de residuos en los municipios de la provincia

1992
Inauguración del Pabellón Ferial de Ciudad Real

1996
Se aprueba el Plan mejora de Instalac Deportivas para Ayuntamientos de la provincia

1998
Eliminació de barrera arquitectónica

Línea de tiempo
de la Diputación Provincial

1835
El 5 de noviembre se crea la Diputación Provincial de Ciudad Real

1889
Acuerdo para la colocación de la primera piedra del Palacio Provincial. *BOP* 16 agosto 1889

1892
12 octubre inauguración del Palacio Provincial

1893
21 septiembre recepción del edificio

1903
Instalación de luz eléctrica

1905
Sebastián Rebollar realiza el proyecto de ampliación del Hospicio Provincial dependiente de la Diputación

1912
La Diputación promueve nuevas Instalaciones sanitarias en la ciudad, Hospital Provincial. 1 mayo 1912

1916
Restauración de las cúpulas sobre las rotondas. Arquitecto: Telmo Sánchez

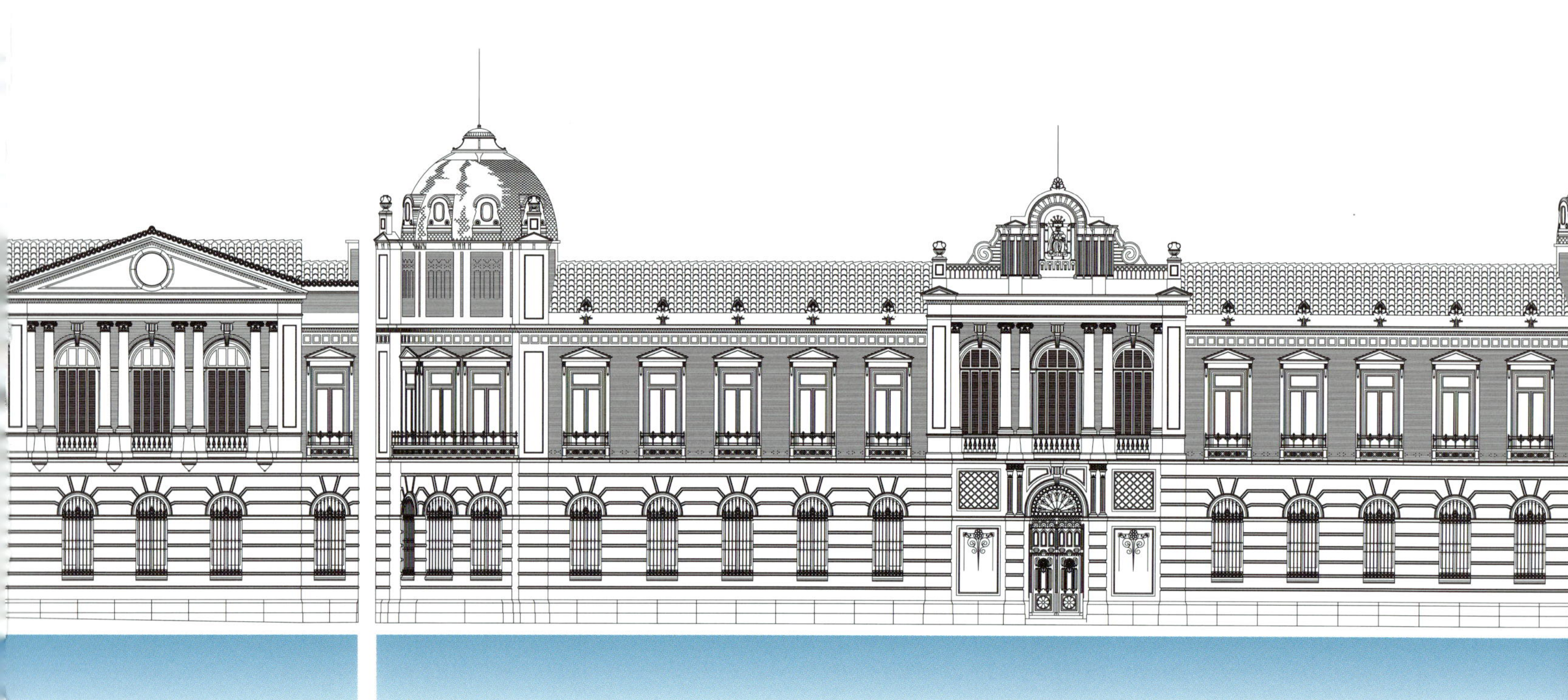

PALACIO DE LA DIPUTACIÓN PROVINCIAL DE CIUDAD REAL

FACHADA EN LA CALLE TOLEDO

MUSEO DE CIUDAD REAL – CONVENTO DE LA MERCED

IGLESIA DE LA MERCED

FACHADA EN LA PLAZA DE LA MERCED

1921
Reparación y limpieza de aljibe, arreglo escalera de hierro

1921
Construcción de viveros patrocinados por la Diputación, para el desarrollo de nuevas tecnologías y reconstrucción de los viñedos destruidos por la plaga de langosta y filoxera

1925
Se aprueba el 20 de marzo el "Estatuto Provincial" que atribuye a las diputaciones la construcción de caminos, carreteras y otras obras públicas

1927
Decoración del Salón del Presidente en planta baja. Arquitecto: Telmo Sanchez

1929
Solado de los patios del Palacio y acristalamiento de los mismos

1932
Muere Ángel Andrade. La Diputación adquiere su obra pictórica

1933
El Hospital Quirúrgico de la Diputación es inaugurado por el presidente de la República, Niceto Alcalá Zamora, en él se instalan dos quirófanos

1940
Reformas en el Palacio para habilitar vivienda al gobernador civil, debido a un incendio en su sede ese año

1945
Reformas en Depositaría y ampliación de la calefacción

1946
Se constituye el Instituto de Estudios Manchegos en Ciudad Real por iniciativa del gobernador civil Jacobo Roldán Losada y adscrito al Consejo Superior de Investigaciones Científicas

1949
Creación del Consorcio en la Provincia de Ciudad Real para la ejecución de obras de saneamiento y abastecimiento de agua

1951
Adquisición del periódico provincial diario *Lanza*

1955
Reparación de la cornisa del Palacio, por urgencia

1957
Reformas de las dependencias de la vivienda del gobernador civil para devolverlas a uso administrativo

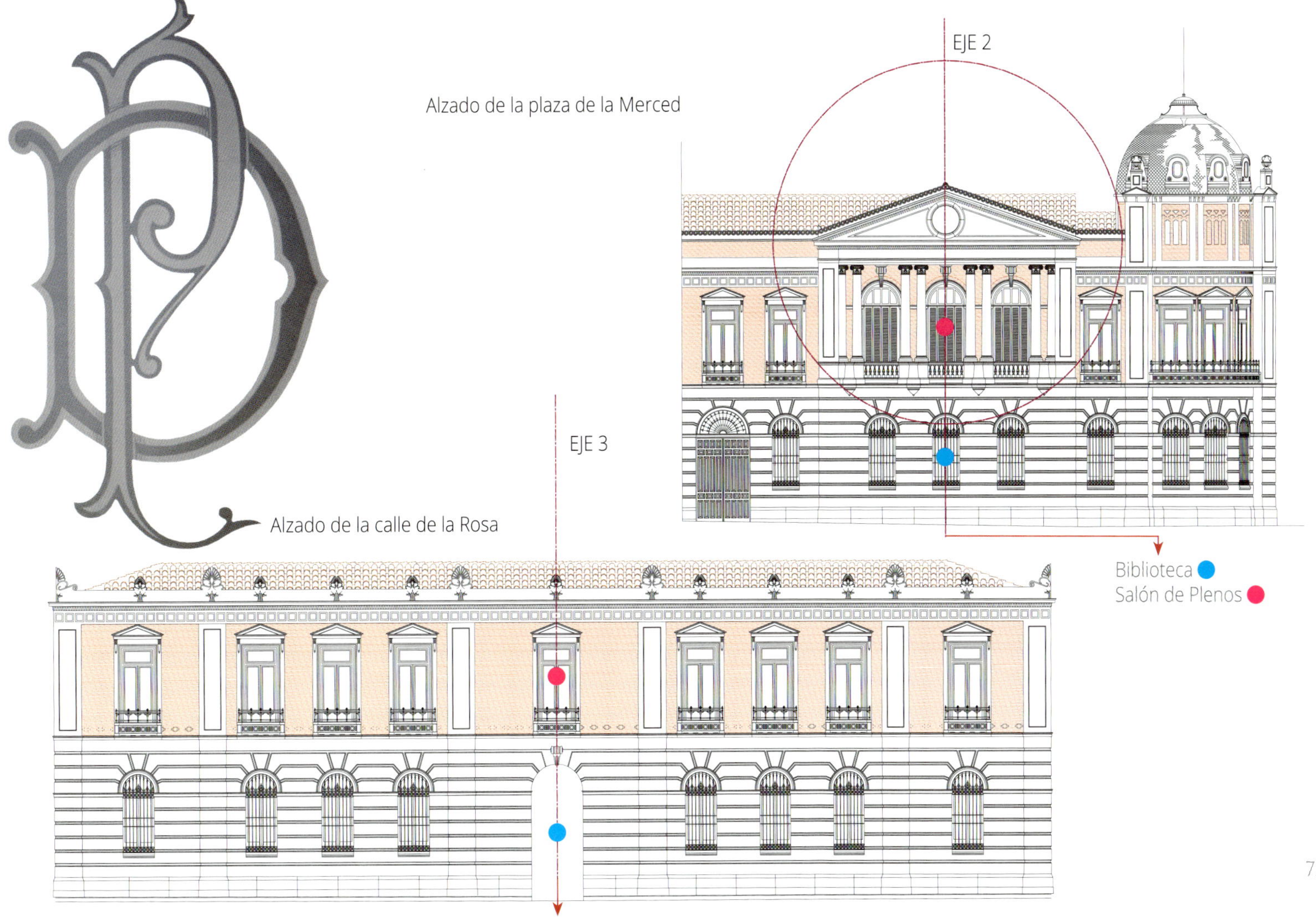
EJE 2
Alzado de la plaza de la Merced
EJE 3
Alzado de la calle de la Rosa
Biblioteca
Salón de Plenos
"Puerta de quintos"
Despacho singular

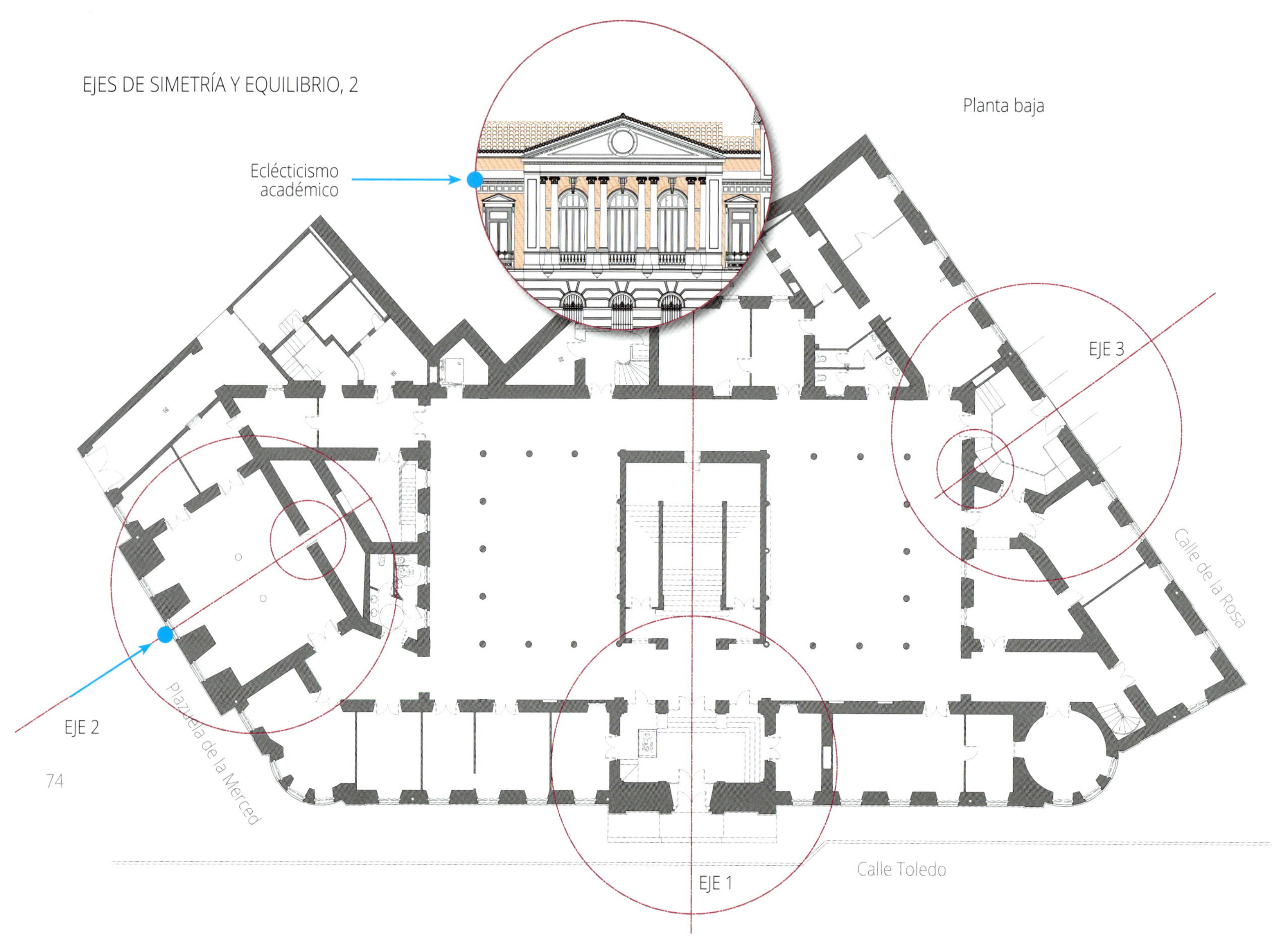

EJES DE SIMETRÍA Y EQUILIBRIO, 2
Planta baja
Eclécticismo
académico
EJE 3
EJE 2
EJE 1
Calle de la Rosa
Plazuela de la Merced
Calle Toledo

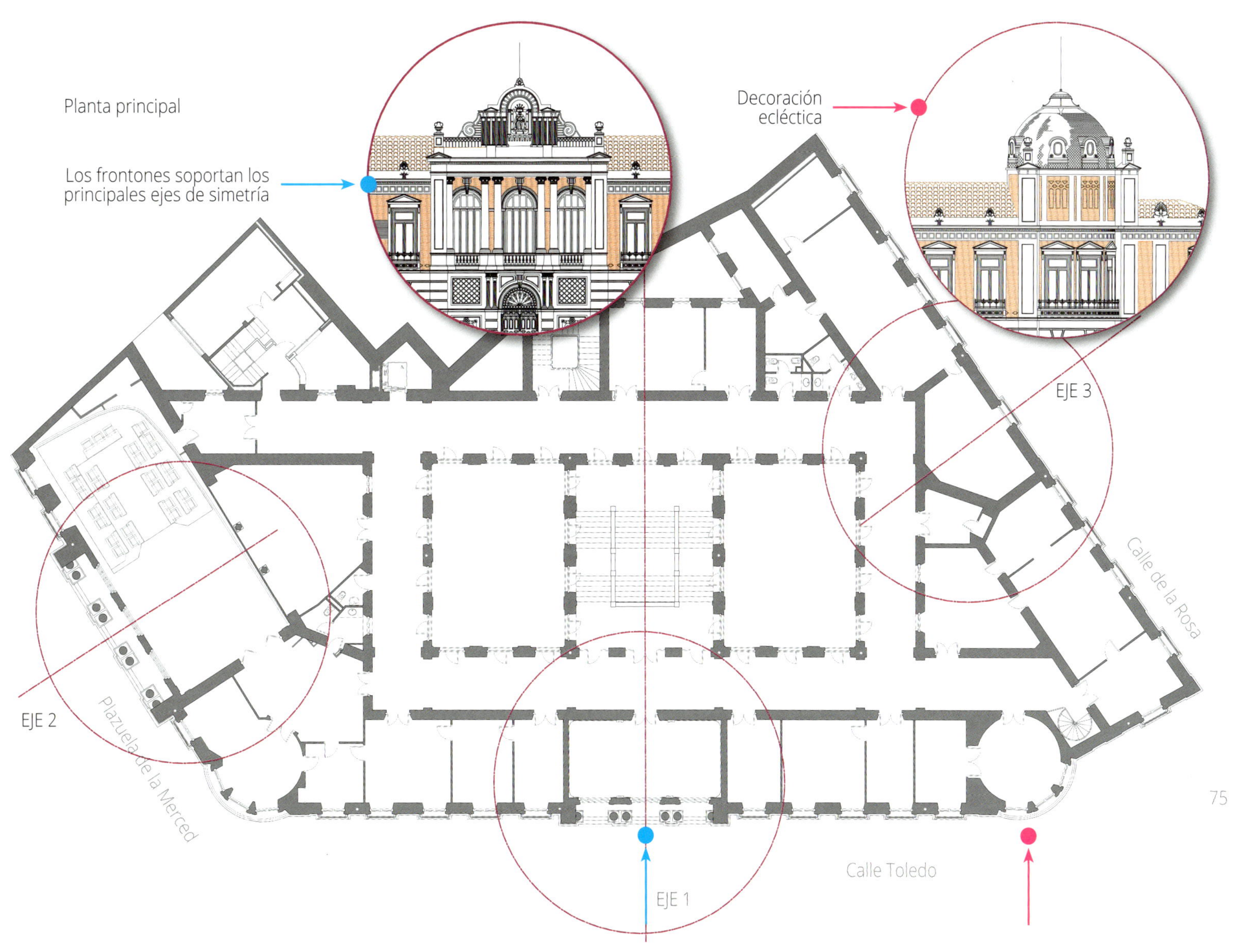

Planta principal
Los frontones soportan los principales ejes de simetría
Decoración ecléctica
EJE 3
Calle de la Rosa
EJE 2
Plazuela de la Merced
EJE 1
Calle Toledo

JERARQUÍA DE PLANTAS

En 1907 *La Tribuna* (1892-1920) publicaba esta fotografía de la escalera principal del Palacio. (*El Palacio Provincial y su época*, BAM, 2018)

JERARQUÍA DE FACHADAS

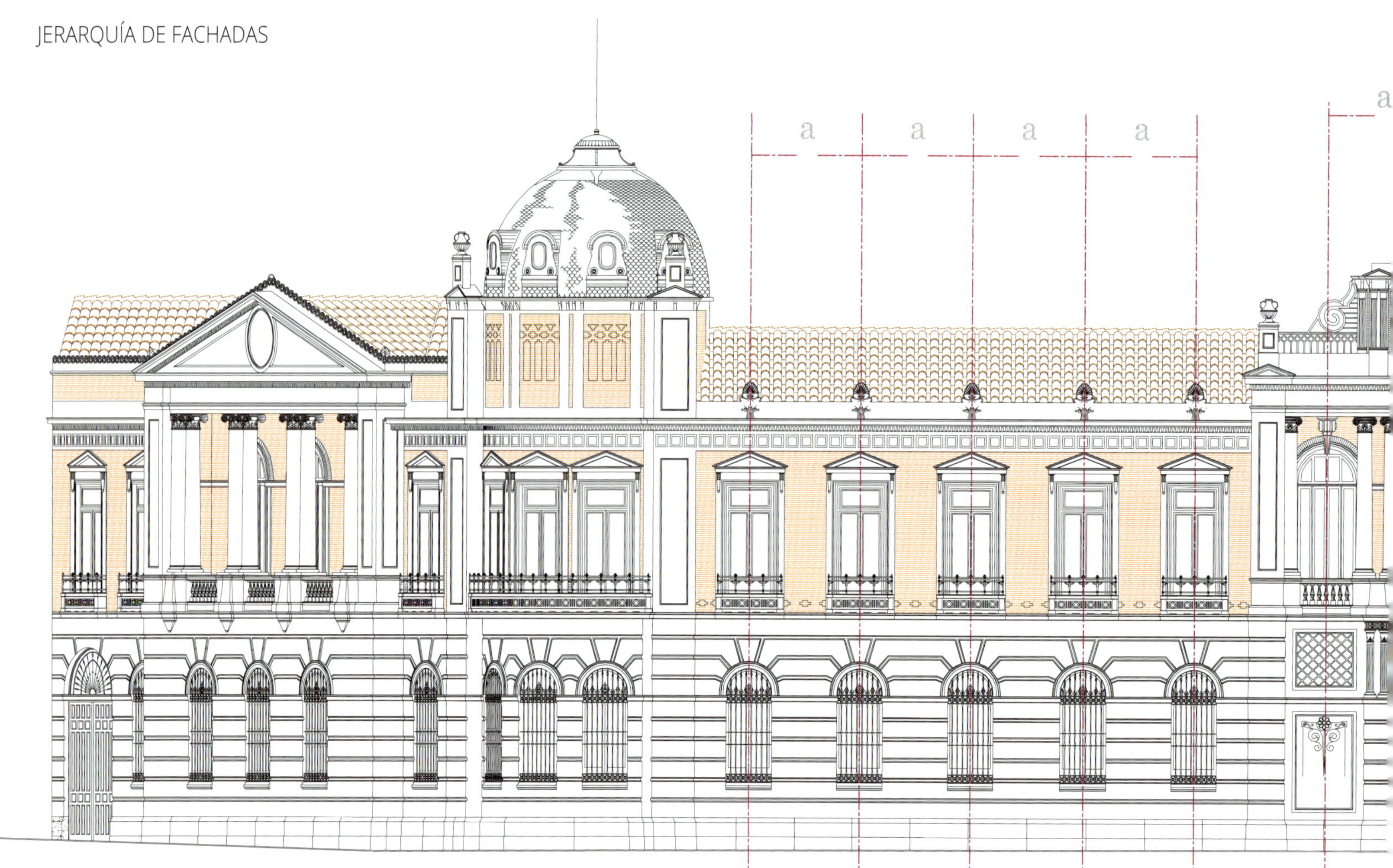

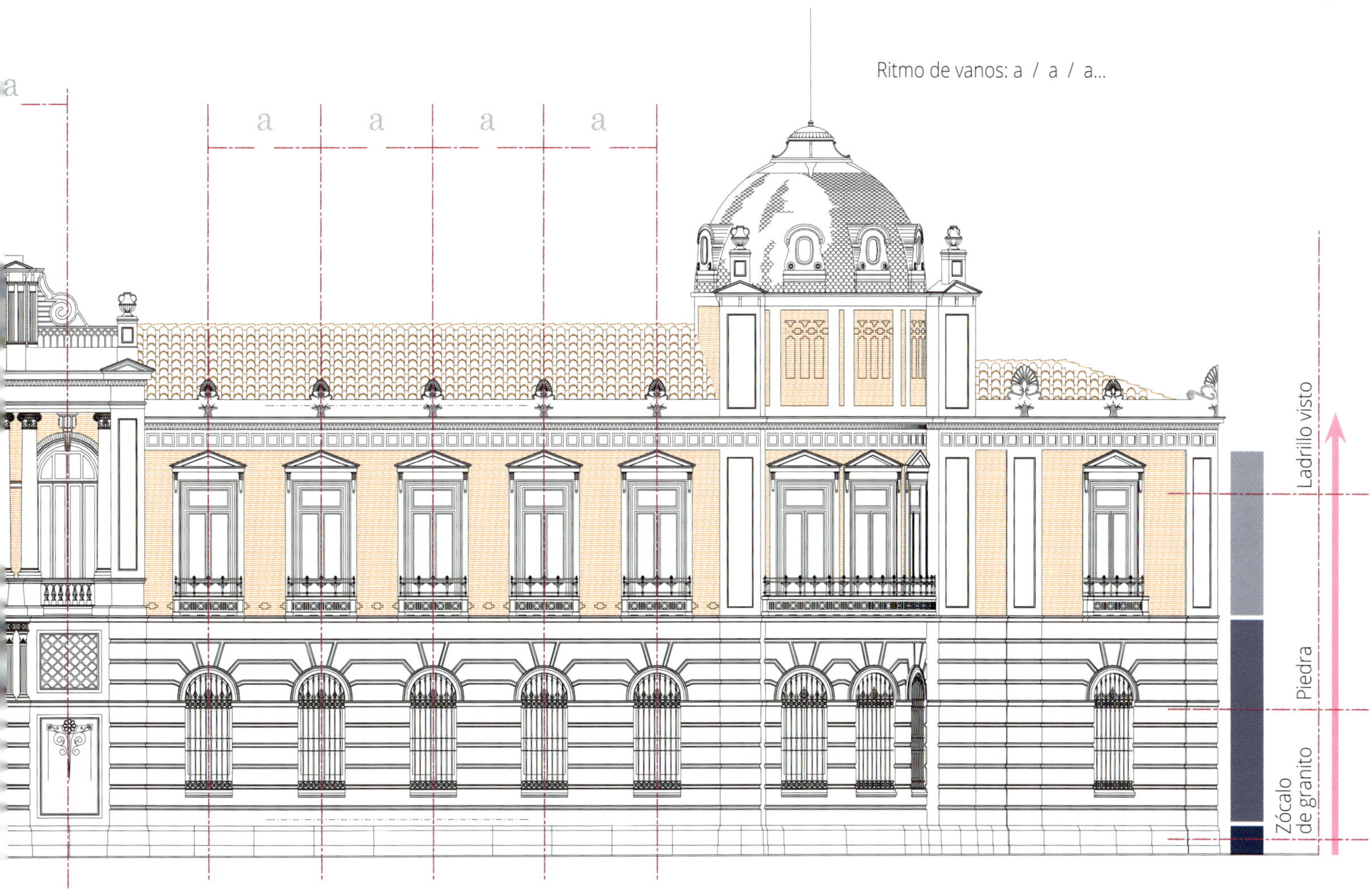
Ritmo de vanos: a / a / a...
a
a
a
a
a
Ladrillo visto
Piedra
Zócalo de granito

DISTRIBUCIÓN PERIFÉRICA DE ESPACIOS

Planta principal

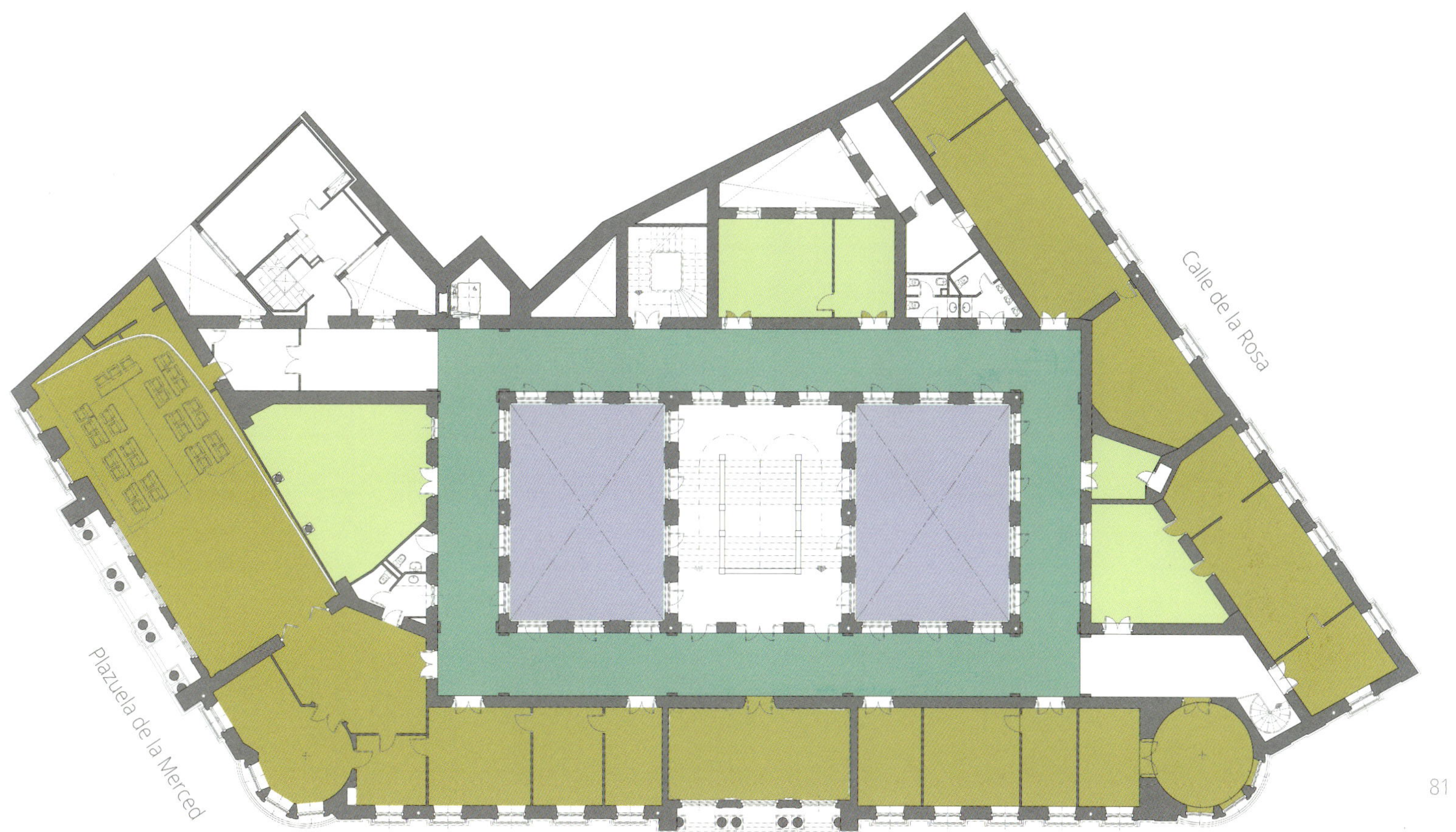

El Palacio y la arquitectura

El Palacio se encuentra ubicado en conjunto con otros edificios dotacionales públicos, formando una manzana completa de unos 5.200 metros cuadrados, repartidos entre el Museo de Ciudad Real-Antiguo convento de la Merced, el edificio perteneciente al Obispado, un edificio administrativo propiedad de la Diputación, la parroquia de la Merced y el propio Palacio Provincial, que ocupa un solar de aproximadamente 1.900 metros cuadrados, construido mediante forjados de madera y metálicos, sobre muros de carga de mampostería de 60 a 65 centímetros de espesor.

Los muros de fachada se recubrieron en planta baja con zócalo de granito y piedra arenisca y, en su planta superior, con ladrillo visto sentado a hueso.

Los dos patios gemelos se encuentran porticados en todo su perímetro con columnas de fundición pintadas, capiteles de estilo clasicista y arcos de medio punto que soportan la fachada interior de los mismos.

La cubierta está formada por cerchas de madera de estilo "cercha española", de pares, pendolón y tornapunta.

A lo largo de su historia el edificio ha sufrido varias reformas. Entre ellas, las más determinantes fueron:

- Construcción de la cúpula de la escalera central.
- Cubrición de los patios con estructuras de cerchas acristaladas.
- Reforma de las cúpulas de fachada, modificando su aspecto externo.
- Sustitución de la cubierta del Salón de Plenos.
- Modificaciones completas del Salón de Plenos en 1960 y en 1985.
- Restauración y refuerzo de la cúpula de la escalera central.

En la página anterior. Fachada principal del Palacio Provincial, a la calle Toledo, en una fotografía restaurada del último tercio del siglo XX. (AGDCR)

APROXIMACIÓN DE LA PLANTA DE LA MANZANA DEL CONJUNTO DE EDIFICIOS PÚBLICOS

Algunas reformas que marcaron el carácter del Palacio:

1916.– Se restauró el edificio modificando el acabado de cubierta (arquitecto: Telmo Sánchez).

1928-1929.– Se cerraron los patios con estructuras acristaladas.

1957.– Se restauró y modificó la estructura de cubierta del Salón de Plenos.

1960.– El arquitecto Miguel Fisac, junto al pintor Manuel López-Villaseñor, realizó un cambio total de imagen del Salón de Plenos.

1984.– Se procedió a una nueva restauración de las cúpulas.

1985.– Se modificó el vestíbulo en primera planta incluyendo un despacho principal.

– Se reconstuyó el forjado abriendo un lucernario en la Sala de Prensa.

– Se construyó un módulo anexo en un patio trasero.

1985
1985
1957
1960
1985
1928-29
1926
1928-29
1985
1984
1984

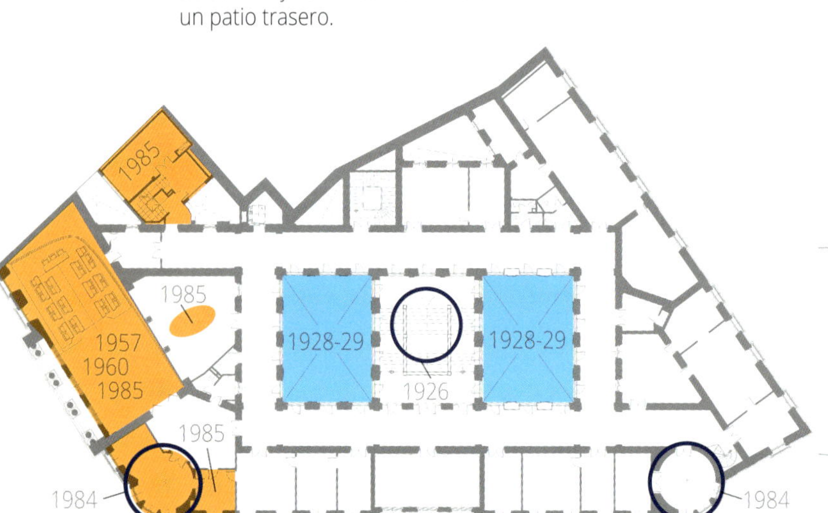

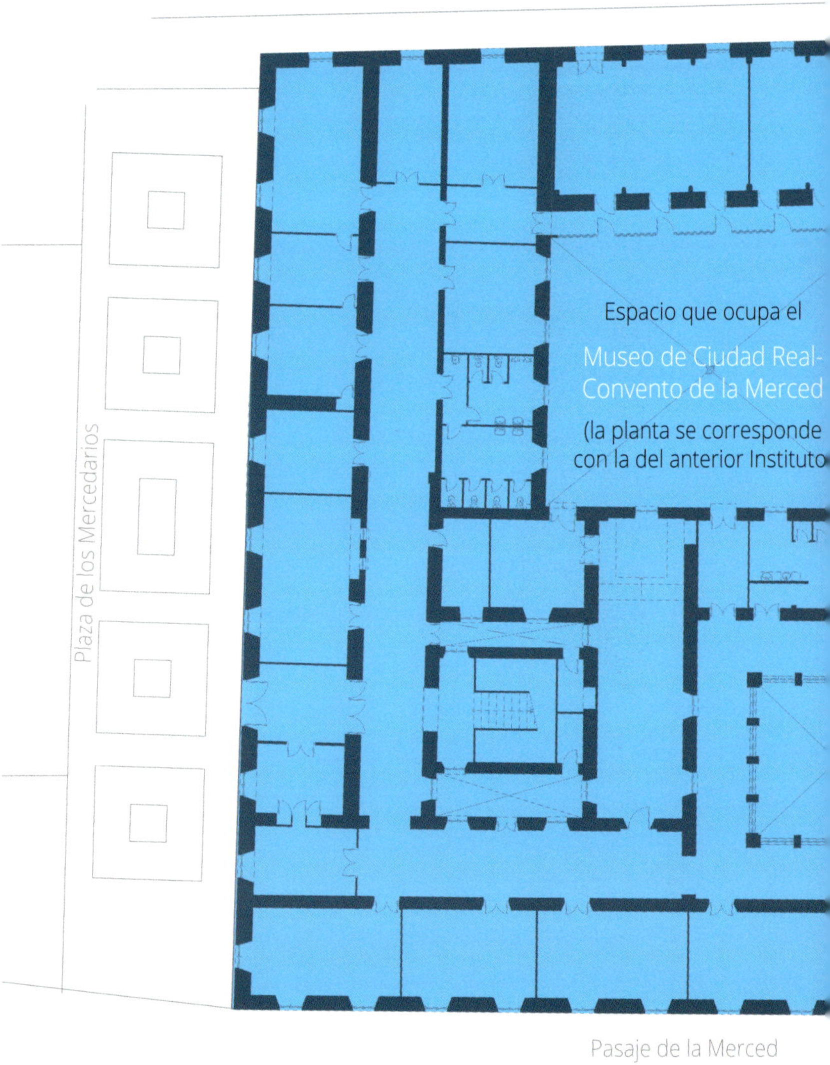
Plaza de los Mercedarios
Espacio que ocupa el
Museo de Ciudad Real-
Convento de la Merced
(la planta se corresponde
con la del anterior Instituto
Pasaje de la Merced

de la Rosa

Edificio administrativo de la Diputación

Casa parroquial de la Merced

Palacio Provincial de la Diputación

Iglesia de la Merced

Calle Toledo

Plaza de la Constitución

Los tres momentos del Salón de Plenos: en su estado original (1893). A la derecha se aprecian los palcos de prensa y público; tras la reforma de Fisac y Villaseñor de 1960 (abajo a la izquierda); después de la última gran reforma de 1985 (a la derecha). (DADCR)

Arcos de la tribuna, para la prensa y el público, original, recuperada (abajo) tras las obras de 1985.

En 1984-1985 se acometieron importantes obras de reforma en el Palacio Provincial, entre ellas la que recoge esta histórica fotografía, la compleja reparación de una de las cúpulas.

Los palacios de la región y el Eclecticismo

"... la aparición de los palacios provinciales, que vienen a dar sede física a las nuevas instituciones (diputaciones) provinciales, no solo refleja la nueva estructura territorial del Estado, sino el protagonismo reciente de ciertas tipologías nuevas heredadas del pasado, pero convenientemente transformadas: los palacios civiles que contraponer a los palacios aristocráticos del Antiguo Régimen". (José Rivero)

Palacio Provincial de Albacete

De nueva planta; construido entre 1877 y 1880.

ARQUITECTO: Justo Millán Espinosa.

ESTILO ARQUITECTÓNICO: dentro del Eclecticismo, el arquitecto extrae de la arquitectura clásica, claridad, funcionalismo y monumentalidad.

Palacio Provincial de Ciudad Real

De nueva planta; construido entre 1889 y 1893.

ARQUITECTO: Sebastián Rebollar.

ESTILO ARQUITECTÓNICO: tipología ecléctica con corte clásico. En el interior cuenta con un gran despliegue decorativo, de estilo academicista con origen en la pintura clásica, realizado entre 1891 y 1892 por Ángel Andrade, con la ayuda de Samuel Luna.

Palacio Provincial de Cuenca

De nueva planta; construido entre 1892 y 1905.

ARQUITECTOS: Rafael Alfaro. En 1890, Arturo Ballesteros levantó la tercera planta (buhardilla mansarda).

ESTILO ARQUITECTÓNICO: sobrio, acatando los patrones del Neoclasicismo decimonónico, con esquema de planta tradicional italiana.

Palacio Provincial de Guadalajara

De nueva planta; construido entre 1880 y 1882. No se inauguró hasta 1885

ARQUITECTOS: José Aspiunza y José Marañón.

ESTILO ARQUITECTÓNICO: de corte clásico, en torno a un artístico patio de estilo Neomudéjar, con influencias modernistas.

En la página anterior. Vista del Palacio de la Diputación y la calle Toledo. (Ministerio de Cultura. *El Palacio Provincial y su época*, BAM, 2018)

Palacio Provincial de Toledo

De nueva planta; construido entre 1880 y 1897.

Arquitecto: Agustín Ortiz de Villajos.

Estilo arquitectónico: dentro del eclecticismo, el arquitecto utiliza componentes historicistas, medievales y renacentistas.

Palacio Provincial de Toledo. 1897.
Agustín Ortiz de Villajos.
(Diputación de Toledo)

Palacio Provincial de Albacete.
1880. Justo Millán Espinosa.
(Diputación de Albacete)

Palacio Provincial de Cuenca. 1905.
Rafael Alfaro / Arturo Ballesteros.
(CECLM)

Palacio Provincial de Guadalajara. 1885.
José Aspiunza y José Marañón.
(Diputación de Guadalajara)

En la página siguiente. Escudo original de la Diputación Provincial de Ciudad Real, pintado por Ángel Andrade.

ESCVDO PROVINCIAL
CIUDAD-REAL
HEROICA
MUY
CIUDAD
VALDEPEÑAS

DIPUTACIÓN DE
CIUDAD REAL